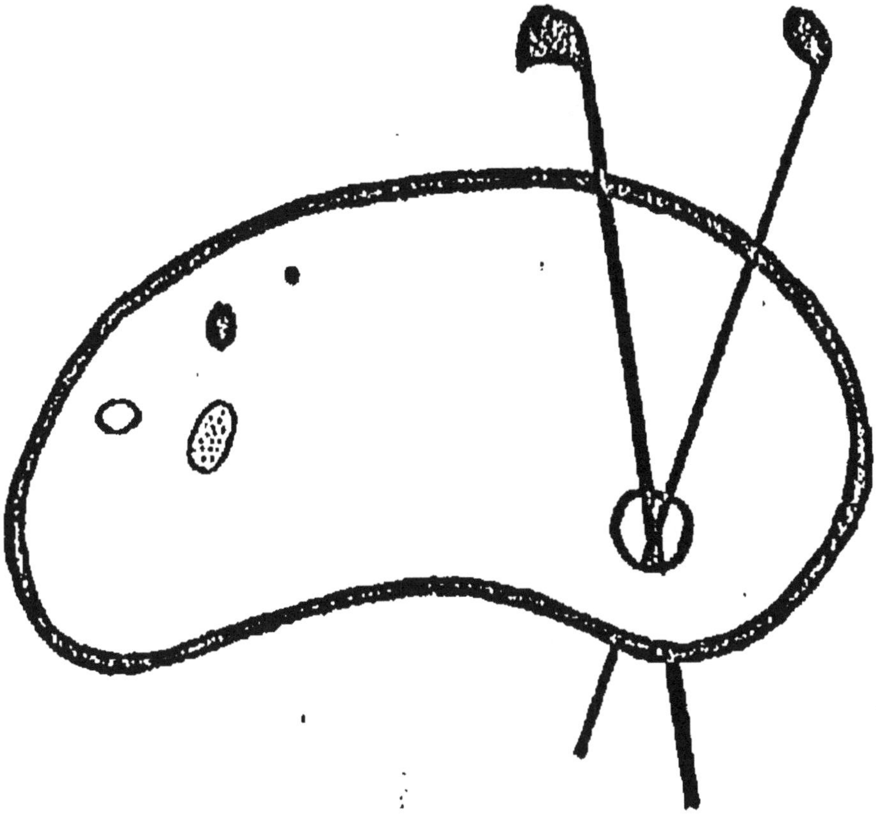

UNIVERSITÉ DE PARIS. — FACULTÉ DE DROIT

DU CONTRÔLE
DES
ORDONNATEURS

THÈSE POUR LE DOCTORAT

Présentée et soutenue le mardi 23 janvier 1900, à 2 h. 1/2

PAR

Roger MEYER

AVOCAT A LA COUR D'APPEL

Président : M. BERTHÉLEMY.

Suffragants : MM. ALGLAVE, SAUZET, *professeurs*

PARIS

LIBRAIRIE NOUVELLE DE DROIT ET DE JURISPRUDENCE

ARTHUR ROUSSEAU, ÉDITEUR

14, RUE SOUFFLOT ET RUE TOULLIER, 13

1900

Imp. J. THEVENOT, Saint-Dizier (Hte-Marne)

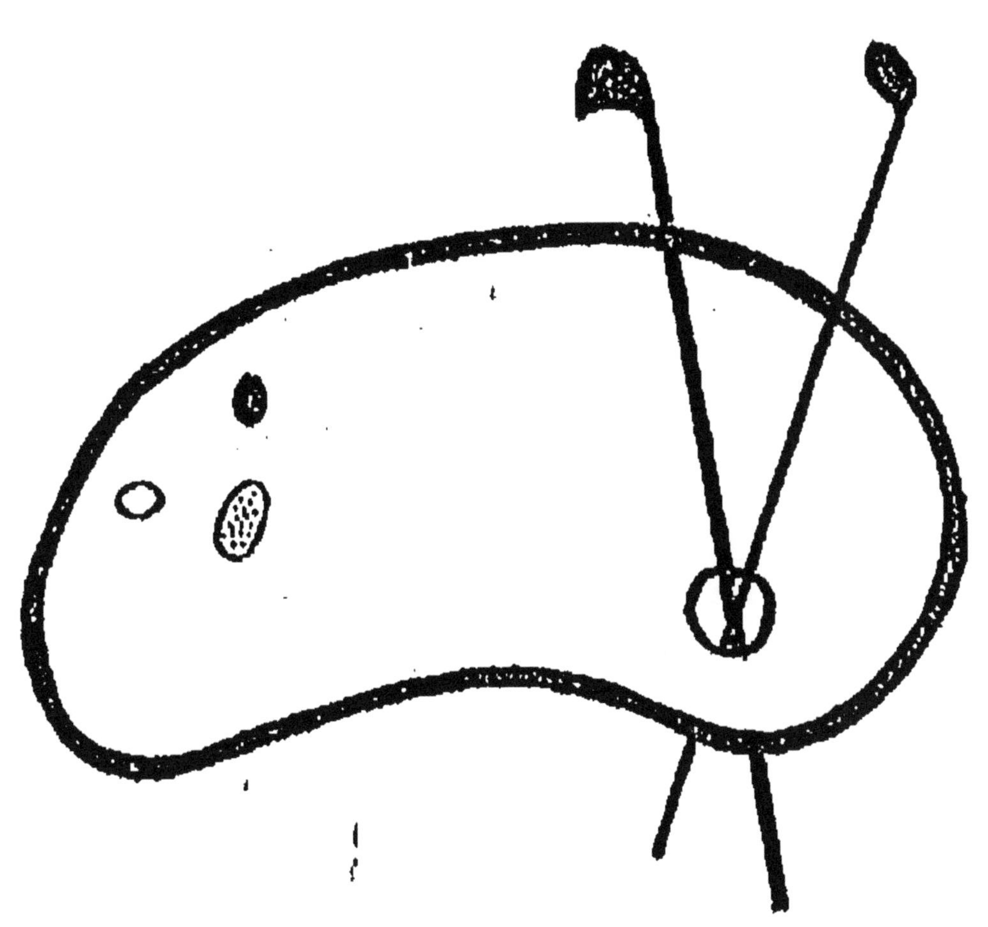

FIN D'UNE SERIE DE DOCUMENTS
EN COULEUR

THÈSE

POUR LE DOCTORAT

La Faculté n'entend donner aucune approbation ni improbation aux théories émises dans les thèses; ces opinions doivent être considérées comme propres à leurs auteurs.

UNIVERSITÉ DE PARIS. — FACULTÉ DE DROIT

DU CONTRÔLE

DES

ORDONNATEURS

THÈSE POUR LE DOCTORAT

L'ACTE PUBLIC SUR LES MATIÈRES CI-APRÈS

Sera soutenu le mardi 23 janvier 1900, à 2 h. 1/2

PAR

ROGER MEYER

AVOCAT A LA COUR D'APPEL

Président : M. BERTHÉLEMY.

Suffragants : { MM. ALGLAVE, SAUZET, } *professeurs.*

PARIS

LIBRAIRIE NOUVELLE DE DROIT ET DE JURISPRUDENCE

ARTHUR ROUSSEAU, ÉDITEUR

14, RUE SOUFFLOT ET RUE TOULLIER, 13

1900

AVANT-PROPOS

On remarquera peut-être que le développement des matières n'est pas toujours en rapport avec leur importance comparée. Ce défaut de construction apparent résulte d'une conception toute volontaire. J'ai préféré insister sur les notions moins connues, plus éparses, en particulier sur les éléments du contrôle, et me borner à passer rapidement, tout en signalant les points essentiels, sur des sujets plus notables mais aussi plus courants.

(Octobre 1899).

N. B. : Décret 1862 signifie : Décret du 31 mai 1862.
Le chiffre qui suit la date d'une loi ou d'un décret indique le numéro de l'article.

DU

CONTROLE DES ORDONNATEURS

Assurer une exacte affectation de la fortune publique, éviter les dépassements de crédits, telles sont les deux faces d'un problème qui a mis à l'épreuve la sagacité de tous les législateurs. Actuellement, la gestion matérielle est assurée ; la « gestion morale » demande une égale attention. Les ordonnateurs libres d'agir, ce serait l'instabilité, peut-être la ruine des finances de l'Etat. Il faut les maintenir, comme les comptables, dans l'observation de règles tutélaires bien que moins strictes, et leur demander de s'expliquer sur tous leurs actes.

Ces explications seront-elles postérieures à leur administration, ou bien contemporaines ou même antérieures ? La question, en se plaçant à un premier point de vue, appelle l'examen de la responsabilité pécuniaire des ordonnateurs : nous exposerons sommairement les efforts tentés en ce sens, et les critiques fondées qu'ils soulèvent. Nous serons ainsi tout naturellement conduit à l'étude des contrôles préventif et postérieur, base indispensable de tout système financier, et solution destinée à suppléer à la mise en œuvre pratique de la responsabilité matérielle des ordonnateurs.

INTRODUCTION

DE LA RESPONSABILITÉ DES ORDONNATEURS

« Tandis qu'on multiplie les contrôles autour des comptables, on laisse les ordonnateurs se mouvoir dans leur indépendance et leur insolvabilité. On juge l'instrument, on ne juge pas la main qui les pousse. Dans la gestion des comptables une erreur d'un centime est impitoyablement relevée. La gestion de l'ordonnateur est au-dessus de l'examen » (De Monteloux, *De la comptabilité publique en France*).

Ces critiques datent de 1840 sans avoir rien perdu de leur actualité. A quoi bon les efforts répétés afin d'établir un solide équilibre budgétaire et une bonne gestion des deniers publics, s'il est loisible aux ordonnateurs d'ébranler ce laborieux édifice ! Leur demander compte de leur administration est une idée bien naturelle, sinon bien aisée ; on doit surtout s'efforcer de prévenir leurs irrégularités, de supprimer le moyen de les commettre : mieux vaut prévoir que punir.

En principe, les ordonnateurs ont seuls le soin de l'engagement et de la liquidation des dépenses. L'ordonnancement entraîne un départagement : ordonnateur, direction du mouvement des fonds, payeur seront respectivement mis en cause, chacun dans leur sphère d'action.

L'ordonnateur principal encourt une responsabilité particulière s'il fait acte de comptable : la Cour des comptes le déclarera comptable de fait. Certains exigent, qu'il y ait eu maniement personnel de deniers, mais cette interprétation, en conformité littérale du décret du 31 mai 1862-25, est repoussée par la doctrine plus compréhensive des procureurs généraux près la Cour des comptes ; ils se contentent de la complicité à la gestion occulte (1), et déclarent comptable l'administrateur prévenu du seul fait de remise d'un mandat fictif (M. Petitjean, Discours du 3 mars 1877 ; M. Audibert, Discours du 3 novembre 1881). Sur ce dernier point, la jurisprudence est hésitante.

Les ordonnateurs secondaires sont tenus moralement (Conseil d'Etat, 21 juillet 1885, sauf peines disciplinaires) des dépassements de crédits et pécuniairement des gestions occultes. Cependant, un arrêt du Conseil, en date du 8 décembre 1882, a déclaré un maire pécuniairement responsable du fait d'avoir excédé les crédits spécialement votés par le Conseil municipal pour des travaux communaux : c'est une décision, propre à faire ressortir la nécessité d'établir une jurisprudence définitive : la responsabilité des ordonnateurs, que l'on a comparée à Croquemitaine (2), risque de léser un beau

(1) Id. Marcé, *Etude sur les comptabilités occultes*.

(2) M. Delbet, Chambre des députés, 23 janvier 1896 (Cité par Stourm, *Le Budget*, p. 509).

jour un administrateur ni plus ni moins coupable que ses devanciers (1).

Quelques dispositions législatives prévoient formellement des hypothèses de garantie matérielle, à l'encontre des gouverneurs coloniaux, des intendants militaires, des officiers généraux, des commandants de corps et des directeurs de service subordonnés.

Quant aux ordonnateurs principaux, il est hors de doute que les principes les soumettent à une sanction pécuniaire ; en fait, il n'existe que des sanctions morales. Cet ordre d'idées mérite quelques développements.

Comme tous les ordonnateurs, les ministres ont des comptes à produire : comptes d'administration, d'emploi de crédits peut-être engagés par leurs prédécesseurs, d'engagements de dépenses peut-être soldées par les ministres futurs ; mais enfin, bien que moins personnels que ceux des comptables, ils viennent aboutir à des appréciations et relèvent de contrôles divers. La notion de responsabilité est surtout évoquée, si l'on constate des dépassements de crédits : il y a cependant d'autres hypothèses, telles les réquisitions adressées au payeur, les faux mandats.

Au cas de réquisition, l'ordonnateur agit sous sa responsabilité (Ord. 14 septembre 1822-15 et décret 1862-

(1) Etendent aux services publics les principes de la gestion d'affaires : C. Comptes, C. Cass., 15 juillet 1873 et jurisprudence *récente* du C. Etat. — V. Béquet, vº *Comptabilité de fait* : 17..., 31.

91) ; mais elle n'est pas précisée et reste politique, ou disciplinaire pour les agents inférieurs.

En cas de faux mandats, les administrateurs répondent de leur exactitude, déclare l'article 15 du Décret 1862. En fait, il n'y a pas de sanction, sauf si l'on est en présence d'un maniement de deniers et par conséquent d'une gestion occulte ; ou en face de malversations frauduleuses, qui baseraient des poursuites pénales. Rien n'est prévu au cas d'erreur, de dépassements ou détournements de crédits couverts par de faux mandats : seules encore subsistent les menaces politiques ou disciplinaires.

Le même vague se manifeste dans l'hypothèse du dépassement de crédits proprement dit. Des prescriptions nombreuses ont été édictées, motivées en partie par l'importance et la fréquence des irrégularités, en partie par l'ingérence parlementaire : aucune n'a pu donner de résultat efficace.

Dès 1817, la loi du 25 mars posait en principe : « les ministres ne pourront, sous leur responsabilité, dépenser au delà de leurs crédits. Le ministre des finances ne pourra, sous la même responsabilité, autoriser les paiements excédant les crédits ouverts à chaque ministère » (art. 151-152). Aucune indication, ni de nature du délit, ni de compétence : isolée ainsi, une semblable disposition, même répétée à diverses reprises (1), devait fatalement rester lettre-morte.

(1) Décret 1862-41, 42.

La loi du 15 mai 1850 semble préciser davantage : « aucune dépense ne sera ordonnée ni liquidée sans crédit préalable. Toute dépense non créditée sera laissée à la charge personnelle du ministre contrevenant. » La responsabilité pécuniaire des ministres est énoncée formelle, mais rien n'est organisé pour appliquer cette déclaration de pur principe : ni la juridiction à saisir, ni les pénalités ne sont indiquées. Jamais la loi de 1850 n'a été suivie d'effet : il était facile de le prévoir.

La Constitution de 1875 est muette sur la question (1).

Un député, M. Bozérian, ayant pensé que l'inobservation des textes tenait en majeure partie au défaut de juridiction, déposa le 26 juin 1895 une proposition devenue projet de loi délibéré et adopté en Conseil d'Etat (février-mars 1896). Le projet s'est proposé en outre de compléter et d'éclaircir certains points. D'après l'article 1er : « le ministre qui *sciemment* aura ordonné une dépense en l'absence ou au delà des crédits régulièrement ouverts, et aura ainsi *compromis* les intérêts de l'Etat, sera poursuivi conformément à l'article 12 § 2 de la loi constitutionnelle du 16 juillet 1875. Le ministre inculpé sera jugé par le Sénat qui mettra à sa charge tout ou partie de la dépense indûment engagée. »

Art. 2. — « Dans les cas prévus par la présente loi l'action en responsabilité envers l'Etat, dirigée contre un ministre, est prescrite si elle n'est intentée dans le

(1) Elle ne traite que de la responsabilité criminelle et politique.

délai de 3 ans à partir de la cessation des fonctions. »

Ainsi conçu, ce projet est loin d'être à l'abri de tout reproche ; en écartant même les critiques générales, inhérentes à toute proposition de ce genre, il est à remarquer que la loi n'aurait sans doute jamais d'application.

L'exigence du terme « sciemment » constitue un premier obstacle aux poursuites. Il présuppose un contrôle préventif bien organisé. D'ailleurs, il sera bien rare qu'un ministre, en toute connaissance de cause, dépasse volontairement les crédits alloués et risque de compromettre les intérêts de l'Etat ; il lui faudrait une personnalité d'action peu commune. « Si les ministres agissaient toujours par eux-mêmes, si des cas bien précis d'infraction personnelle pouvaient être constatés à leur charge, les lois de 1817 et 1850 ne demeureraient probablement pas lettre-morte. Mais ces cas précis et personnels ne se présentent jamais, car les ministres justifient d'opérations que le plus souvent ils ne connaissent pas bien... Dès que quelqu'un a tort sur un point quelconque du territoire, disait M. Thiers, le ministre a tort (1). »

Une seconde exigence, justifiable sans doute, mais de nature à restreindre singulièrement les cas d'application du principe, consiste en l'obligation, pour la constitution du délit, d'avoir compromis les intérêts de l'Etat. Qu'est-ce à dire ? Toute dépense ne profite-t-elle

(1) Stourm, *Le budget*, 3e éd., p. 507.

pas à l'État, n'est-elle point la source d'un enrichissement immédiat ou futur? Nul ne peut s'enrichir aux dépens d'autrui, proclament le bon sens et l'article 1384 du Code civil : cet adage trouve ici sa place. Distinguera-t-on les dépenses nécessaires, utiles, voluptuaires ; va-t-on peser les conséquences de la dépense, soit en se plaçant à l'époque de sa réalisation, soit en remontant au jour de son ordonnance? Et comment établir cette opinion; sur quelles données, sur quelles pièces! Comment discerner les responsabilités du ministre incriminé de celles de ses collègues, souvent enchevêtrées, sinon engendrées dans le secret des délibérations communes!

Une même imprécision voile ces dispositions. Il y a plus ; le projet limite la durée de l'action à un laps de temps si restreint qu'on ne pourra guère en profiter : « trois années à dater de la cessation des fonctions » est-il dit. Mais où sont, en général, constatés par le Parlement les irrégularités, les dépassements de crédits? Dans les lois de règlement. Pour qui sait les délais nécessaires à la présentation de ces lois, les retards apportés à leur vote, et n'ignore pas l'instabilité qui affecte les titulaires des portefeuilles, l'application de la loi projetée se place au rang des chimères.

Nous avons dit que le projet de 1895 n'échappait, pas plus que les lois antérieures, aux critiques générales : elles sont aisées à relever, tout en différant de valeur : et sur les points qu'il s'est proposé de fixer, les objections, suggérées dans le doute, subsistent. Le choix de la juridiction compétente donnait matière à controverse : serait-ce le Conseil d'Etat, la Cour des comptes, le Parlement, voire les tribunaux ordinaires ? Le projet institue le Parlement, solution adoptée déjà par la majorité des commentateurs, vu l'incompétence des tribunaux, l'absence de juridiction de la Cour sur les ordonnateurs, et l'impuissance du Conseil à statuer sinon en vertu d'un arrêté de débet pris contre le ministre par un de ses successeurs. Cette désignation est loin d'être satisfaisante. Il est à craindre, l'histoire des demandes de mise en accusation des ministres pour dépassements de crédits (1) le démontre sans peine, que l'action ne soit engagée et le procès jugé principalement sur des considérations politiques : les ministres sont plutôt hommes d'Etat que fonctionnaires.

Cette difficulté de bannir la politique d'une juridiction à l'encontre des ministres est certes un des plus sérieux obstacles à l'efficacité des lois de responsabilité. Ce n'est pas le motif prédominant.

Un raisonnement se base sur ce que les ministres possèdent une fortune hors de proportion avec le montant des engagements de dépenses, pour en déduire que l'application stricte des lois aurait des effets illusoires, ruinerait les inculpés sans profit réel pour le Trésor, et ten-

(1) Par exemple, l'affaire de « la Salle à manger de M. de Peyronnet » en 1828. Voir à ce sujet le discours de M. le Procureur général Audibert sur « la responsabilité des comptables et des ministres en matière de dépenses publiques », 3 novembre 1885, p. 11.

drait à écarter des affaires publiques les possesseurs de grosses fortunes. La critique n'est guère fondée. L'appât du pouvoir contrebalancerait des craintes fort incertaines et éloignées : l'amende encourue devrait être considérée au point de vue de la peine infligée au délinquant, non quant au « *quantum* » de restitution à l'Etat.

L'argument formel contre l'établissement absolu de la responsabilité pécuniaire des ministres se trouve, à notre sens, dans la nécessité de leur laisser une entière liberté de gouverner, sauf à en répondre politiquement devant les Chambres. C'est l'application des principes de notre droit public. On peut ajouter qu'aucune juridiction n'est en mesure d'apprécier sainement, après coup, le bien fondé d'excédents de dépenses engagées souvent brusquement, sous la pression de circonstances contemporaines ou éventuelles. Des résultats heureux, et les ministres seraient acquittés, sinon loués. A l'inverse, ils seraient accablés. Toute initiative leur étant interdite, de par leur prudente réserve, les intérêts de l'Etat se verraient compromis par l'excessif souci d'éviter les responsabilités.

Ainsi, contre les ministres qui, dans l'exercice de leurs fonctions, n'ont pas commis de crimes entraînant la procédure prévue par la constitution de 1875, article 12, la responsabilité politique subsiste seule : « les ministres sont individuellement responsables devant les Chambres de leurs actes personnels » (art. 6). Même s'ils ont lésé par des fautes graves l'intérêt public ou privé, ils ne seront pas poursuivis en réparation du préjudice causé. Il n'y a pas de responsabilité civile organisée.

Nous avons parlé incidemment des lois de règlement: votées à temps, elles feraient disparaître certaines difficultés ; surtout, si elles donnaient lieu à discussions sérieuses, on pourrait y trouver une solution efficace, une application rationnelle de la responsabilité politique. Mais les objections générales n'en subsisteraient pas moins. D'ailleurs ces lois constituent au moins autant une mesure de contrôle qu'un examen des responsabilités, et ce qui en ferait la force serait précisément la mise en lumière immédiate des irrégularités des ordonnateurs.

Nous sommes ainsi ramené invinciblement vers cette étude du contrôle des administrateurs, que nous croyons nécessaire sinon suffisant.

Écartons dès l'abord quelques objections de pur principe. Le contrôle des dépenses faites est, dit-on, sans valeur. Le contrôle préventif nuirait à une bonne administration.

Pourquoi le contrôle préventif serait-il exclusif d'une bonne administration ? Est-ce parce que les ministres ne jouiraient plus d'une liberté d'action suffisante ? Mais il ne s'agit que de contrôle, de visa « réglementaire », pour ainsi dire, et nullement arbitraire. Entre les divers modes légaux, les ministres pourront choisir, ce qui exclut toute idée de subordination. Il importe même d'ajouter que l'organe détenteur de ce droit de contrôle ne devra pas posséder un pouvoir absolu : certaines circonstances peuvent survenir de nature à faire fléchir les barrières primordiales : ce sera l'occasion d'étudier dans quelles limites et sous quelle forme se manifesteront ces exceptions, qui ne relèveront dans la suite que des répressions morales et des jugements parlementaires.

Quant à savoir qui détiendrait ce contrôle, c'est une question d'organisation qui ne donne plus prise à des critiques de principe.

Si nous examinons maintenant la question de valeur d'un contrôle postérieur, il semble bien que l'on va faire double emploi avec le rôle du comptable, ou plutôt l'étouffer en transformant ce dernier en un simple agent de caisse. La mission du comptable paraît même supérieure en ce sens que son attention est tenue en éveil par le souci des responsabilités, tandis que le contrôle postérieur échappe à cet ordre d'idées. Au fond, ces raisons qui s'appliqueraient également au contrôle préventif, ne sont pas péremptoires ; le contrôle postérieur a surtout pour but de mettre rapidement en lumière les irrégularités, de les individualiser en poursuivant les fâcheux anonymats. M. Camille Lyon, en divers articles parus dans la *Revue de l'Intendance* (1), expose une théorie semblable, mais en l'appliquant à la question des responsabilités, et pense qu'elle serait

(1) Novembre 1895 et suiv.

praticable ainsi entendue. S'il y a lieu de faire des réserves sur ce dernier point, l'idée dominante est juste et répond à merveille à l'organisation d'un contrôle sévère, fondement inévitable de tout système de responsabilité.

Il ne s'agit pas de supprimer, d'amoindrir le rôle du comptable, dont l'importance en notre matière est prépondérante pour certains esprits, en tous cas considérable. Sans doute il exerce un véritable contrôle des ordonnateurs, surtout si l'on envisage les ordonnateurs secondaires : mais, dès ici, il est aisé de saisir l'insuffisance du rôle du seul comptable, limité dans ses investigations, dans ses moyens d'action et dans son autorité.

A chacun sa fonction, parallèle à certains moments, mais combien diversifiée dans l'ensemble ! Le contrôle sera supérieur, embrassera les actes des deux services, laissant au comptable le soin et la responsabilité d'examiner le détail des pièces, de relever les irrégularités matérielles même après un visa. Qu'il soit préventif ou postérieur, il paraît inutile d'insister, en raison des dissemblances de moyens et de but, sur les raisons de coexistence des deux systèmes.

La nécessité et la possibilité de contrôler les ordonnateurs étant établies, nous verrons successivement les diverses institutions, telles qu'elles existent à différents degrés : contrôle intérieur, mixte, judiciaire et législatif ; puis les améliorations suggérées par la critique, ou l'exemple des législations étrangères.

PREMIÈRE PARTIE

CONTROLE INTÉRIEUR

Il s'agit des écritures tenues et des documents envoyés par les ordonnateurs ; du contrôle de la direction du mouvement des fonds ; de l'action exercée par le comptable lors de la présentation d'un titre de créance sur l'Etat ; enfin de la comptabilité des dépenses engagées et des matières.

CHAPITRE PREMIER

ÉCRITURES DES ORDONNATEURS. — ENVOIS DE DOCUMENTS.

Tous les administrateurs doivent tenir des écritures dont l'utilité est triple : elles serviront d'éléments à l'établissement d'un compte ; dès à présent, elles permettent de surveiller les opérations en cours et d'en prévoir les conséquences.

En ce qui concerne le compte d'administration, présenté dans la même forme que le budget, il doit indiquer en regard des évaluations les droits constatés au profit du Trésor, relativement à chaque nature de recettes ; les recouvrements faits et à faire ; en regard des prévisions et des autorisations de dépenses, les droits acquis aux créanciers, les paiements effectués et les restes à payer (1).

Ces prescriptions entraînent une mise en demeure de prouver qu'on s'est maintenu dans les limites de son mandat, tout en ne négligeant en rien son exécution. Il est donc indispensable de se servir d'écritures préparatoires. Le décret du 31 mai 1862 a formulé ou codifié les règles à suivre en matière de tenue des écritures

(1) Le ministre des finances présente seul le compte des recettes de l'Etat.

(art. 296-304). La reddition des comptes se trouve traitée, soit par le décret, soit par des dispositions étrangères.

Éléments de la comptabilité.

Les ordonnateurs secondaires tiennent leurs écritures en partie simple : les indications recueillies et transmises périodiquement au ministre se joindront aux documents de même nature pour constituer avec les opérations ministérielles le compte d'ensemble de l'ordonnateur principal.

Cette comptabilité comprend d'abord un Livre-Journal des délégations reçues; en second lieu, un Livre-Journal des mandats émis, par imputation sur le montant de ces délégations. Ainsi enregistrées par ordre de date, les opérations de dépenses sont reportées par ordre de matières, suivant les divisions du budget, sur le Sommier ou Grand-Livre des comptes ouverts : jour par jour on opère de la sorte le report du montant de chaque délégation, de chaque mandat délivré. De plus, tous les mois, dans les 10 premiers jours, le comptable adresse à l'ordonnateur les bordereaux des paiements effectués : ceux-ci sont alors transcrits également sur le Livre des comptes ouverts. Les bordereaux, visés par l'ordonnateur après comparaison avec les mandats émis, seront retournés au comptable ; ils parviendront à l'administration centrale, qui notera en toute certitude les paiements faits.

En définitive, le Sommier permet de se rendre un compte immédiat de l'état des crédits par chapitre et article du budget.

Tous les renseignements sont inscrits en première heure sur des livres auxiliaires, et détaillés sur des livres de développement ; l'article 301 du décret 1862 semble confondre ces deux espèces de registres : ils paraissent cependant bien répondre aux livres élémentaires et auxiliaires des comptables supérieurs (1).

Ainsi entendue, la comptabilité de l'ordonnateur secondaire doit servir à la formation de la comptabilité de l'ordonnateur principal. Dans cet ordre d'idées, les ordonnateurs secondaires sont tenus de fournir régulièrement certains documents (D. 1862, art. 303,304). Le 10 de chaque mois, ils envoient au ministre le compte d'emploi des ordonnances qui leur ont été adressées dans le mois précédent, après avoir constaté la concordance des résultats du Journal et du Grand-Livre. Indication y est faite du montant des crédits délégués, des droits constatés sur services faits, du montant des mandats délivrés, enfin des paiements opérés durant ce laps de temps.

(1) Le caissier-payeur central, les trésoriers-payeurs généraux et receveurs des finances inscrivent les opérations en détail, au moment de leur naissance, sur des livres élémentaires ; elles sont ensuite groupées par articles sur le journal et le grand-livre ; puis reprises sur des livres (communs à tous les comptables), dits livres auxiliaires, qui développent les opérations de chaque service. En somme, les livres élémentaires donnent le détail avant l'inscription en comptabilité ; les livres auxiliaires, après cette inscription.

Article 301, décret 1862 : « les livres auxiliaires *ou* de développement

En outre, la comptabilité des ordonnateurs étant arrêtée à la clôture de chaque exercice (1), il est naturel qu'ils envoient à cette date un compte général, récapitulation des quinze comptes mensuels antérieurs.

Rappelons enfin que les ordonnateurs secondaires ont reçu des trésoriers-payeurs généraux, dans les premiers jours du mois, des bordereaux sommaires par exercices, ministères et chapitres, des paiements faits dans le mois précédent, et que ces pièces ont été transmises après visa aux ministres respectifs (D. 1862, art. 297).

Il sera dès lors aisé à chaque ordonnateur principal d'établir une comptabilité d'ensemble et de présenter un compte général en fin d'exercice, par le rapprochement des pièces envoyées tant par les administrateurs que par les comptables, et par la tenue de livres spéciaux.

Après comparaison des paiements et des bases de liquidation telles que les revues, les décomptes, le ministre constatera et coordonnera dans une comptabilité centrale tous les éléments de liquidation, d'ordonnancement et de paiement relevés par exercice. Cette comptabilité est d'ailleurs semblable à celle des ordonnateurs secondaires, sauf en ce qu'elle est, ou plus exactement doit être tenue en partie double : elle se rapproche à ce point de vue des écritures des comptables supérieurs,

des ordonnateurs secondaires peuvent varier dans leur forme et dans leur nombre, selon les besoins particuliers de chaque service.

(1) Les livres sont clos : dans les ministères le 31 juillet ; chez les ordonnateurs secondaires le 30 avril.

tout en offrant un moindre degré de perfection et surtout de graves lacunes.

Avant l'ordonnance du 14 septembre 1822, les procédés usités dans les divers ministères étaient très variables sinon inexistants. Cette ordonnance, en son article 18 (dont l'ordonnance du 31 mai 1838, art. 250 et le Décret 1862, art. 296 ont renouvelé les prescriptions), généralisa en uniformisant : désormais chaque ministère dut posséder une comptabilité centrale, relatant toutes les opérations de dépenses. Elle eut pour base la tenue d'un journal général et d'un grand-livre qui constatent les opérations à la fois en recette et en dépense ; c'est l'application du système de la partie double à la comptabilité administrative : toutes les opérations sont inscrites deux fois, simultanément, de sorte qu'une écriture soit la contre-partie et le contrôle de l'autre. Les comptes du grand-livre, personnifiés par une espèce de fiction, se correspondent : ce que l'un d'eux reçoit, l'autre doit l'avoir fourni ou dépensé.

La simple énumération des mentions qui figurent sur ces livres suffit à démontrer leur double caractère de contrôle supérieur et de compte rendu personnel. Ce sont d'abord le montant des crédits législatifs, par chapitres : l'ordonnateur peut ainsi comparer les autorisations de dépenses avec ses ordonnancements, et éviter des dépassements ultérieurs. Puis, le montant des liquidations ; en dernier lieu, les ordonnancements et les paiements.

Cette comptabilité permettra la vérification de chaque ministère, et l'établissement de documents de contrôle général. La tâche de la Commission de vérification des comptes des ministres sera facilitée par l'application des indications du décret 1862, article 296, 2e alinéa : « les ministres doivent établir leur comptabilité respective d'après les mêmes principes, les mêmes procédés et les mêmes formes. »

Le contrôle s'établira enfin par la centralisation au ministère des finances, l'établissement du compte général de l'administration des finances, et la présentation de la loi de règlement dans les deux mois qui suivent la clôture de l'exercice. A cet effet, les ministères sont dans l'obligation, théorique tout au moins, d'envoyer régulièrement au ministre des finances le relevé de leurs opérations ; chaque mois, ils doivent lui faire parvenir une balance censément extraite de leur Grand-Livre.

Il faut malheureusement observer que ces prescriptions sont loin d'être observées en pratique. Si les livres des ordonnateurs secondaires sont bien tenus, et les documents bien envoyés, ce n'est le plus souvent que par rapprochement ou par copie de renseignements fournis par le comptable ; une considération semblable a motivé la récente suppression du visa des récépissés des payeurs départementaux (Loi 31 décembre 1896, art. 11).

Quant à la comptabilité ministérielle, loin d'être trop exacte et en trop parfait accord avec les écritures des comptables, elle n'est le plus souvent pas tenue du tout, ou seulement en partie ; les retards s'accumulent, et les observations des Commissions de contrôle (1) se succèdent. Le dernier rapport, relatif à l'exercice 1894 et à l'année 1895 (2), ne manque point de faire entendre ses doléances à ce sujet. Il relève la disparition d'un important élément de vérification : les rapprochements mensuels entre les écritures des divers ministères et celles de la Comptabilité publique ne sont plus effectués qu'en fin d'année ou d'exercice, et se trouvent dénués, par cette pratique erronée, de toute valeur, de toute efficacité (3).

D'autre part, les sous-commissions, chargées de vérifier la concordance des écritures tenues dans les ministères avec les comptes imprimés des ministres, constatent à nouveau que les prescriptions relatives à l'emploi de la partie double « ne sont pas appliquées, ou le sont d'une façon qui rend leur application illusoire (4) ».

« Comme ses devancières, dit la Commission, il lui faut signaler que dans la plupart des services les comptes ministériels sont, en fait, dressés d'après les livres élémentaires tenus en partie simple. Après coup seule-

(1) Voir le rapport de 1892.

(2) Rapport et procès-verbal de la commission de vérification des comptes des ministres, en date du mois d'avril 1898.

(3) Un arrêté du 27 septembre 1887 avait autorisé cette pratique à titre d'essai.

(4) En fait, la partie double n'existe qu'au ministère du commerce.

ment, à une date plus ou moins éloignée des opérations et souvent très tardive, les résultats des livres élémentaires sont transportés au Journal Général et au Grand-Livre. » Ainsi, pour obéir à la lettre des règlements, et longtemps après les opérations, la comptabilité en partie double vient s'ajouter aux premières écritures, sans présenter alors une véritable utilité. Parfois même il ne s'agit plus de retards, mais d'omissions, de lacunes persistantes : le ministère de l'Intérieur, par exemple, ne tient plus que des écritures en partie simple, depuis plusieurs années. Le ministère de la marine est doté d'un Grand-Livre qui ne mentionne en fin d'exercice la situation des crédits que par une seule écriture.

Sans une organisation commune aux différents ministères, on reste en présence des inconvénients de systèmes divers coexistants : c'est une situation arbitraire, qui ne tarde pas à avoir une répercussion néfaste sur la description des opérations dont le résultat est soumis au Parlement et présenté à sa sanction. Chaque année, les sous-commissions et commissions renouvellent en cette matière leurs observations, et le vœu que des mesures rapides et strictes soient prises à l'effet d'assurer pratiquement « soit l'application de la comptabilité en partie double, prescrite par les règlements en vigueur, soit l'organisation d'un système commun et uniforme d'écritures en partie simple, approprié aux nécessités du service ».

Le rapport de la Commission de 1893 proposait la

nomination d'un comité spécial, en vue d'étudier les mesures à prendre. Mais dès 1888 le Gouvernement s'était préoccupé de la situation, et un projet ministériel avait entrepris d'y remédier en uniformisant les services des diverses comptabilités centrales, dont les chefs auraient été placés sous la dépendance du ministre des finances. Ce projet, demeuré d'ailleurs à l'état de projet, entrait peut-être dans la voie de la prépondérance du ministre des finances sur ses collègues ; il se rattachait également à la surveillance exercée par ce ministre sur les opérations budgétaires des différentes administrations. Ce dernier ordre d'idées, qui ne soulève guère de controverses, forme l'objet de l'étude du contrôle intérieur au deuxième degré.

Nous retrouverons deux séries de questions relatives à l'examen des écritures tenues dans les ministères : l'une, assez particulière et récente, a trait au contrôle des engagements de dépenses et des dépenses engagées ; l'autre, régie par des textes déjà anciens, bien que toujours à l'ordre du jour : la comptabilité-matières envisagée dans ses références à l'égard des administrateurs.

CHAPITRE II

CONTROLE DE LA DIRECTION DU MOUVEMENT DES FONDS.

Il est incontestable que le ministre des finances doit être mis en mesure de suivre et même de contrôler sur les textes législatifs les opérations budgétaires de ses collègues. Cette mission se justifie à différents points de vue : le ministre des finances doit centraliser les ressources pour les répartir ensuite dans les régions où la nécessité s'en fait ressentir ; il crée les disponibilités urgentes ; il est chargé d'établir périodiquement la situation de la fortune publique, et de veiller en permanence à faire respecter les crédits votés par le Parlement.

Sous ces divers aspects, a-t-il la jouissance d'une véritable supériorité ? Il ne le semble pas, du moins jusqu'à ces derniers temps, où de nombreuses propositions ont essayé de battre en brèche l'autonomie exclusive de chaque ministère.

Les pays étrangers nous offrent des exemples différents, à raison soit d'une réelle prépondérance, soit d'un contrôle effectif sur les opérations des ordonnateurs.

En Angleterre, la Trésorerie et l'Audit-Office se partagent un tel rôle. La Trésorerie voit à sa tête, en général, le chef du gouvernement. Son bureau se compose de personnages éminents : le chancelier de l'Échiquier, deux secrétaires membres du cabinet, trois lords. Les décisions d'une telle assemblée portent avec autorité sur les projets de budgets des divers ministères (1), peuvent rayer d'office certains articles de dépense, ou du moins en contester les motifs. En cours d'année, le bureau de la Trésorerie envoie ses réquisitions de fonds au contrôleur-auditeur général, qui les vérifie, les compare aux crédits votés, et vise alors seulement l'ordre de prélèvement sur les fonds en compte courant à la Banque.

En Prusse, les ordonnances sont contresignées avant paiement par les membres du collège gouvernemental, qui en vérifient l'exacte imputation et le respect des crédits. Ces fonctionnaires, correspondant à peu près à nos conseillers de préfecture, relèvent du ministère de l'intérieur : c'est l'exemple d'un ministre, qui n'est pas le ministre des finances, et qui surveille tous les ordonnancements par des agents locaux.

L'Italie offre une situation très nette : le ministre des finances a le droit de nommer, d'accord avec le ministre

(1) Ce n'est absolument exact que pour les services civils, qui d'ailleurs constituent plus de la moitié des services votés. Les ministres de la guerre et de la marine jouissent de plus de latitude, et présentent eux-mêmes leurs budgets au Parlement, en vertu d'un règlement spécial (*Treasury minute*, 24 novembre 1870). Mais leurs propositions doivent être soumises à la Trésorerie trois semaines au moins avant l'examen par le Parlement, et ne peuvent, sans son approbation, contenir ni classification, ni charges nouvelles, ou introduire des réformes en matière de traitements et pensions (Stourm, *Id.*, p. 93).

intéressé, les chefs de comptabilité de toutes les administrations. Il édicte des règlements qui s'appliquent à tous les ministères ; il maintient une concordance entre leurs écritures, établies sur un modèle uniforme, et les écritures de la direction générale, et possède la faculté de faire faire des vérifications par ses propres inspecteurs : de cet ensemble résulte une supériorité effective, au cours de la préparation des budgets et surtout au cours des opérations journalières, sujettes à un contrôle permanent.

En France, à part ses attributions spéciales de présentation des lois de finance, de préparation exclusive du compte des Recettes, de centralisation des opérations de dépenses, le ministre des finances ne jouit d'aucune supériorité vis-à-vis de ses collègues si ce n'est au moment du paiement. Des dispositions récentes, relatives au contrôle des engagements, l'ont doté de nouvelles prérogatives ; néanmoins son influence reste limitée, ne s'exerce qu'à l'occasion de certains faits ; il ne peut guère présenter que des observations à l'encontre des demandes de ses collègues.

Divers projets, que nous retrouverons à propos des engagements de dépenses, tendent à élargir ce rayon d'action, soit par la création d'un bureau central de contrôle général, à l'effet de vérifier les justifications de chaque dépense, l'application des lois, les ressources budgétaires, les imputations ; soit par la nomination, aux soins du ministre des finances, d'agents chargés de contrôler l'exécution des services financiers au sein des divers ministères ; soit par la centralisation, dans les mains du ministre, des bureaux de comptabilité des autres administrateurs, afin de suivre de plus près les actes d'ordonnancement et d'engagement des dépenses.

Tous ces projets soulèvent des objections de pure politique, des résistances de particularisme intéressé. Chaque administration répugne à laisser empiéter sur son domaine ; on veut s'en tenir aux usages établis, aux centralisations indispensables : les vérifications des payeurs sont parfois elles-mêmes tolérées à regret !

Lors des paiements, lors des ordonnancements même, les pouvoirs du ministre des finances se manifestent réellement. Resté étranger à la naissance des ordonnances, émises par les ministres selon des besoins dont chacun est seul juge, il intervient au sujet de certaines prescriptions, qui se résument en trois règles : toute ordonnance doit se référer à un crédit ouvert, être comprise dans une certaine allocation mensuelle, et se trouver accompagnée de pièces justificatives.

Le respect des crédits trouve ici une nouvelle garantie : aucune ordonnance ne sera émise sans passer par le visa du ministère des finances, dont le rôle est énoncé déjà par l'article 56 de la Constitution de l'an VIII : « L'un des ministres est spécialement chargé de l'administration du Trésor public. Il ne peut rien faire payer qu'en vertu d'une loi et jusqu'à concurrence des fonds qu'elle a déterminés pour un genre de dépenses ». Toutes les ordonnances, directes ou de délégation, devront être communiquées à la Direction générale du mouvement des fonds.

La loi du 13 novembre 1791 sur la Trésorerie nationale constitue un antécédent curieux : dans la section de la Dépense, titre I, on remarque les dispositions suivantes : Article 1er : « aussitôt que les dépenses des départements du ministère auront été fixées par le Corps législatif, et que le Décret portant cette fixation aura été sanctionné, il en sera adressé une expédition par le ministre de la justice, tant à chaque ministre qu'aux commissaires de la Trésorerie ».

Art. 2. — « Dans la quinzaine de la réception du décret portant fixation des dépenses de l'année, les ministres de chaque département formeront et feront passer aux commissaires de la Trésorerie le projet de distribution desdites dépenses pour chacun des mois de l'année. Les commissaires de la Trésorerie feront toutes les observations qu'ils jugeront convenables sur les époques de distribution ; et dans le cas où ils relèveront des difficultés sur la fixation desdites époques, il en sera référé au Corps législatif. »

Art. 4. — « Les ministres de chaque département enverront pour le premier de chaque mois, au comité de Trésorerie, leur état de distribution des fonds dont ils auront à disposer pendant le mois. Ces états, dûment signés, seront divisés par semaines et indiqueront :

1° le décret qui aura légitimé la dépense; 2° l'année et la division auxquelles les dépenses auront rapport; 3° la destination de chacune d'elles; 4° le lieu où le paiement devra être fait; 5° le nom des parties prenantes ou la dénomination des corps si le paiement doit se faire en masse. »

Art. 5. — « Ces états seront renvoyés par le comité de Trésorerie au bureau central de comptabilité. Le commissaire chargé de cette section les rapprochera du registre des prospectus des dépenses, pour s'assurer que les sommes qui y seront portées n'excèdent pas celles pour lesquelles le département a été employé, en exécution du décret de l'assemblée nationale. »

Distributions mensuelles entre les ministères, vérifications du Mouvement des fonds, tout s'y trouve. De nos jours encore, la direction du mouvement des fonds additionne dans un tableau préalable, par chapitres du budget, le montant des crédits votés par les Chambres pour l'exercice en cours (1). Elle tient un second tableau des allocations mensuelles faites par décret à chaque ministère, en vertu de l'ordonnance du 14 septembre 1822-6 reproduit par l'article 61 du décret de 1862. Quand une ordonnance directe, émanée d'un ministre quelconque (aussi bien du ministre des finances que de ses collègues) lui parvient, la direction en compare le montant et l'imputation (2) avec les indications respec-

(1) V. *infrà* pour la notion de l'exercice.

(2) Ordonnance 14 septembre 1822-11 et décret 1862-11 : « toute or-

tivement portées sur ces deux états ainsi que sur les états spéciaux aux dépenses d'exercices clos ou périmés (1). S'il y a concordance, si tout est régulier, la direction apposera son visa sur l'ordonnance, et la renverra au ministre intéressé, après l'avoir fait figurer dans ses comptes. Sinon, elle refusera le visa, en avertissant l'ordonnateur de l'infraction relevée : il y aura lieu, soit de rectifier les mentions portées sur l'ordonnance, soit de solliciter une autorisation budgétaire, un supplément de crédits, soit d'attendre au mois suivant. De fait, il faut avouer que le ministre passe souvent outre (ne pouvant refuser de payer une dette exigible), le ministre des finances averti étant à même de se créer les possibilités nécessaires.

Notons ici que le trésorier-payeur général, sur la

donnance et tout mandat énonce l'exercice, le crédit, ainsi que les chapitres et, s'il y a lieu, les articles auxquels la dépense s'applique ». Cependant le décret du 3avril 1876 a autorisé les administrations de la guerre et de la marine à imputer par anticipation sur l'exercice suivant les dépenses de subsistances. Les demandes, faites dans les propositions mensuelles, doivent être présentées dans les 4 mois précédant l'exercice, et ne peuvent excéder le quart du crédit total.

(1) Comme on le verra, les ministres font, en fin d'exercice, dresser un état nominatif des créances non payées, et l'envoient en double expédition au ministère des finances. La direction du mouvement des fonds est ainsi chargée de vérifier si les réordonnancements sur dépenses d'exercices clos correspondent bien aux indications portées sur ces états, s'appliquent à des crédits restés disponibles et non périmés (Loi 23 mai 1834-8 ; ordonnance 10 février 1838-5 et 6 ; décret 1862-120 et 131). — Des états nominatifs semblables sont dressés pour les créances sur exercices périmés, et remis au ministère des finances (Décret 1862-140).

caisse duquel le paiement est assigné (1), se trouve prévenu par le ministre des finances du montant de l'ordonnance, et en reçoit un extrait ainsi qu'une feuille d'autorisation de paiement.

Les ordonnances de délégation, après mêmes vérifications et visa, sont transmises aux ordonnateurs secondaires. Les comptables, également informés, joueront un rôle identique. Certains pensent, il est vrai, qu'en cette hypothèse les comptables ont une mission plus large, remplissent ici le rôle assigné à la direction du mouvement des fonds, et doivent s'assurer, lors de la demande de paiement, qu'il n'y a pas dépassement des crédits délégués. Mais cette obligation existe commune à tous les comptables et dans tous les cas, comme l'indiquent diverses circulaires (1842-1879, V. *infrà*).

Les ordonnances sont donc enserrées, par un contrôle à deux degrés, pour ainsi dire, dans la double limitation du respect des crédits et des allocations mensuelles.

Ces allocations font l'objet d'un décret dit « de distribution mensuelle des fonds » dont la valeur intrinsèque existe moins en fait qu'en droit et pour l'ordre de la comptabilité. A cet effet, et pour donner au ministre des finances le temps et les moyens de créer les ressources indispensables, les autres ministres sont tenus de lui remettre chaque mois le total des dépenses qu'ils

(1) Les pièces jointes à l'ordonnance donnent cette indication.

ont l'intention d'acquitter le mois suivant (1). Le ministre des finances compare ces demandes avec ses disponibilités : théoriquement, il lui serait loisible de réduire le montant de certaines propositions, en arguant du défaut de ressources durant la même période ; mais en pratique, il se créera les possibilités réclamées, et renfermera dans un prochain projet de décret de distributions mensuelles les fonds mis à la disposition des ministères (D. 31 mai 1862, art. 61).

Les vérifications et comparaisons que nous venons d'exposer supposent, par elles-mêmes, l'adjonction à l'ordonnance de certaines pièces justificatives : la règle se trouve énoncée en termes exprès dans l'ordonnance du 14 septembre 1822, art. 9 (Décret du 31 mai 1862, art.85) : « les ministres des divers départements joignent aux ordonnances directes qu'ils délivrent les pièces justificatives des créances ordonnancées sur le Trésor, et les ordonnateurs secondaires les annexent aux bordereaux d'émission de mandats qu'ils adressent aux payeurs... ».

Le décret de 1862, article 88, indique les bases relatives à l'adjonction des pièces réclamées. Il s'agit évi-

(1) En y ajoutant l'indication du lieu et de l'époque probable du paiement, ce qui permet l'application de l'article 14 de l'ordonnance du 14 septembre 1822 (D. 31 mai 1862, art. 90) : « Le ministre des finances pourvoit à ce que toute ordonnance et tout mandat de paiement, *qui n'excèdent pas la limite du crédit* sur lequel ils doivent être imputés, soient acquittés dans les délais et dans les lieux déterminés par l'ordonnateur. »

demment d'éviter l'émission d'ordres de paiements fictifs, surchargés, ou bien en contradiction avec les autorisations budgétaires. On voit poindre à cette occasion le rôle du payeur, qui exercera un deuxième contrôle à la suite de la direction du mouvement des fonds ; mais il importe de remarquer de suite qu'il y a compétences parallèles, et même partage d'attributions entre ce service et le comptable.

Avant d'apposer son visa, le Mouvement des fonds avait à faire certaines constatations d'exactitude et de disponibilité de crédits. Il doit en outre vérifier l'imputation des ordonnances et renvoyer au besoin au ministre celles qui sont incorrectes, en y joignant ses observations. [On a vu imputer des ordonnances de gratifications sur les chapitres du matériel !...]. Ici encore, il est vrai qu'elles reviendront souvent sans modifications, mais la responsabilité ministérielle sera en cause. Or, à ce point de vue, les payeurs sont associés à ces exigences et pourraient voir engager leur responsabilité. L'article 85 du décret 1862 indique, d'une façon très générale, que « les pièces (1) sont retenues par les Trésoriers-payeurs généraux qui doivent procéder immédiatement à leur vérification et en suivre lorsqu'il y a lieu la régularisation près des ordonnateurs ». Il existe des textes plus explicites. Une circulaire ministérielle du

(1) Il s'agit des pièces jointes par les ordonnateurs principaux, et annexées par les ordonnateurs secondaires aux bordereaux d'émission de mandats adressés aux Trésoriers payeurs.

20 septembre 1842 s'exprime en ces termes : « Quelques payeurs ont pensé que les ordonnances délivrées par le ministre étant d'abord examinées par la direction du mouvement général des fonds, ils n'avaient plus à vérifier les pièces justificatives... Malgré ce contrôle, sur les ordonnances directes elles-mêmes, les payeurs doivent vérifier encore l'imputation de la dépense au point de vue de la spécialité de l'exercice et des chapitres. Ils doivent apprécier les pièces de dépense... »

On pourrait croire cette obligation purement virtuelle : elle est sanctionnée formellement d'après une circulaire de décembre 1870, aux termes de laquelle « tout paiement effectué sans crédits doit être rejeté du compte des payeurs et laissé à leur charge ». A vrai dire, les expressions ont dépassé la mesure, si bien qu'on se trouve en présence de foudres théoriques. En matière de dépassement de crédits, il faut se garder de menaces draconiennes, impossibles à mettre en pratique. — La Cour des comptes se borne à signaler l'irrégularité, sans engager la responsabilité du payeur, « l'Etat s'étant enrichi et la dépense ne pouvant être mise à la charge du comptable qui n'aurait aucun recours contre la partie prenante » (1).

A l'étranger, on constate, mais sous des formes dif-

(1) Discours Audibert, 1885. — En 1843, la Cour décida que les prescriptions de 1842 créaient seulement une responsabilité administrative à l'égard des payeurs, et qu'il n'entrait pas dans ses attributions d'en assurer l'exécution. Mais cette délibération *n'est pas motivée*. V. *Id.*, p. 35.

férentes, l'existence des attributions confiées en France à la Direction du mouvement des fonds.

En Belgique et en Italie (1), la Cour des comptes est chargée de viser préalablement toutes les ordonnances, après avoir vérifié leur régularité, l'exactitude de leurs mentions, le respect des lois et règlements, des crédits et des imputations. — Les droits de la Cour de Belgique sont même absolus, en ce sens qu'elle peut réclamer toutes les pièces justificatives qui lui semblent utiles, et n'est limitée par aucune énumération de circonstances entraînant le refus de visa. Si telle éventualité se produisait, la question serait soumise au Conseil des ministres pour connaître des motifs de la Cour, et la forcer au besoin à passer outre. Mais le visa serait alors délivré sous réserves dont les Chambres deviendraient juges, lors de la présentation annuelle des observations de la Cour.

En Italie, si la Cour doit se référer à certains cas déterminés pour apprécier la régularité des ordonnances, son refus est définitif lorsqu'il est basé sur les raisons d'irrégularité d'imputation ou d'absence de crédits.

Dans l'un et l'autre pays, des dispositions prescrivent aux payeurs de s'abstenir d'acquitter les ordonnances non munies du visa, sauf à encourir telles responsabi-

(1) Loi belge, 27 octobre 1846-14 et suiv.; loi italienne, 17 février 1884-46 et suiv. (V. Bull. de statistique du min. fin., mars 1885); on trouve des analogies dans la législation hollandaise.

lités quede droit. Un contrôle résulte, en Italie, de la comparaison des écritures tenues par la direction de la comptabilité, en conformité des documents transmis par les chefs de comptabilité dont on se rappelle la dépendance envers le ministre du Trésor.

En Angleterre, nous avons dit que le contrôle, à tous les points de vue de légalité et de régularité, des demandes de fonds émanées du bureau de trésorerie, appartient à un fonctionnaire unique, inamovible sauf adresse des deux Chambres ; le visa du contrôleur-auditeur général permet seul la délivrance des fonds par la Banque d'Angleterre.

On retrouve donc à l'étranger les fonctions de la direction du mouvement des fonds, exercées par un corps ou un agent spécial, et stable : aussi le contrôle participe-t-il des prérogatives de l'organe dont il émane. Il possède plus de valeur, plus d'autorité ; il échappe aux influences entre collègues. Le ministre des finances se soustrait aisément aux sollicitations en arguant de son incompétence, en rejetant sur un auteur indépendant la responsabilité des refus. Enfin les manifestations du contrôle se trouvent sanctionnées au besoin par les rapports publics et motivés au Pouvoir législatif.

Plusieurs projets sont intervenus en France pour étendre dans un sens analogue les pouvoirs de la Cour des comptes, pour lui confier même, comme on verra, le soin de contrôler la naissance des engagements de dépenses. Cette innovation ne nous semblerait ni bien pratique, ni bien utile : il faut éviter de surcharger la Cour par des attributions qui absorberaient sa mission propre; leur multiplicité entraînerait des retards considérables, ou finirait par aboutir à d'indifférentes formalités. Il serait préférable d'exiger de la direction du mouvement des fonds, telle qu'elle existe aujourd'hui, l'accomplissement intégral des formalités prescrites, avec toutes leurs conséquences, et de la doter au besoin de pouvoirs plus étendus, peut-être d'une autonomie dont la responsabilité ne serait pas exclue.

CHAPITRE III

RÔLE DU COMPTABLE.

Nous avons laissé pressentir l'importance du rôle du payeur, notamment à propos des disponibilités et des imputations. Il occupe une place à part : au point de vue de l'indépendance, ses fonctions sont incompatibles avec celles d'administrateur (Décret 1809-18, Ord. du 14 septembre 1822-17, décret 1862-17) ; pour la responsabilité, il est pécuniairement redevable devant le juge des comptes ; il possède des prérogatives étendues, même le droit de refuser les paiements au cas d'irrégularité ; enfin sa compétence est absolue : tout paiement doit s'effectuer par ses mains. L'ordonnance de 1822 est formelle : « aucune manutention de deniers ne peut être exercée... que par un agent placé sous les ordres du ministre des finances (1), responsable envers lui de sa gestion, et justiciable de la Cour des comptes. » Une ingérence étrangère entraînerait déclaration de gestion occulte avec toutes ses conséquences (Décret 1862, art. 25 ; C. pén., 258).

(1) Il existait sous l'ancien régime des payeurs spéciaux à chaque administration, indépendants du contrôle général, et dotés d'une caisse particulière. Cela persista en partie jusqu'à l'ordonnance de 1822.

Ainsi se trouve assurée la suprématie du ministre des finances sur les opérations de ses collègues, au moment où elles aboutissent fatalement à la phase matérielle du paiement ; ainsi la comptabilité des payeurs devient-elle un contrôle permanent des actes et de la propre comptabilité des ordonnateurs !

Deux hypothèses sont à envisager : le comptable se trouve en face d'une ordonnance directe, ou bien d'un mandat imputé sur une ordonnance de délégation.

En cas d'ordonnance directe, le ministre qui l'émet avertit le comptable, pour lui permettre d'éviter lés ordonnances fausses, et de se ménager des fonds. La direction du mouvement des fonds lui transmet de son côté un extrait visé (1) : le visa le garantit dans une certaine mesure, contre les irrégularités. Il s'assurera personnellement du respect des formes et des justifications réglementaires, puis paiera.

En cas de mandat, rappelons que l'ouverture de crédits, faite par le ministre à l'ordonnateur secondaire au moyen d'une délégation, a préalablement été visée par le ministère des finances. En même temps, notification est adressée au trésorier-payeur, qui relèvera le montant des crédits alloués, et remplira en quelque sorte, par la suite, le rôle de Direction du mouvement des

(1) Si l'ordonnance directe est payable à Paris, elle est envoyée au caissier-payeur central qui la conserve. Si elle est payable en province, le mouvement des fonds l'envoie à la comptabilité publique qui l'annexe à l'appui du compte des trésoriers-payeurs généraux, le trésorier-payeur assigné ne recevant qu'un extrait d'ordonnance.

fonds. Le trésorier-payeur reçoit enfin, chaque jour, les mandats délivrés par l'ordonnateur secondaire, accompagnés d'un bordereau et des pièces justificatives. Il est donc en mesure de suivre les mandatements à mesure qu'ils se produisent. Il en vérifiera la régularité, par rapprochement avec les ordonnances de délégation qui lui ont été communiquées; il s'assurera du respect des crédits et des restes sur crédits primitifs, contrôlera la mention et l'exactitude des énonciations relatives à l'exercice, aux chapitres, aux articles de la dépense (D. 1862-11). Si tout est régulier, il apposera sur le mandat un visa « Vu bon à payer » et le renverra à l'ordonnateur secondaire (chargé de le transmettre au créancier), en conservant le bordereau d'émission et les pièces justificatives; ce sont là deux éléments de son contrôle sur les ordonnateurs secondaires : en particulier, les pièces justificatives seront annexées au mandat acquitté (D. 1862-85) pour être soumises au juge du compte.

Les ordonnances directes (1) échappent à la formalité du « Vu bon à payer », par raison d'hiérarchie, et par suite du contrôle préalable du Mouvement des fonds;

(1) Le créancier d'une ordonnance directe reçoit une lettre d'avis contenant extrait d'ordonnance et lui permettant de se présenter chez le trésorier-payeur aux fins de paiement. *Sic*, déjà, loi 13 novembre 1791, *De la dépense*, titre II, art. 3 : « Aucun paiement ne sera fait par les payeurs principaux s'il ne se trouve compris dans l'état de distribution, et si la partie prenante qui se présentera n'est munie d'une lettre d'avis expédiée dans les bureaux du ministère. »

mais nous avons dit que ce contrôle n'est que partiel ; et si, bien entendu, les trésoriers-payeurs généraux ne sont pas à même de vérifier l'état des crédits législatifs, leur mission de surveillance subsiste en d'autres points.

Nous avons réservé certaines questions d'une application générale, où apparaît toujours la mission protectrice du comptable. Ainsi, la notion de l'exercice (D. 1862-8) ayant été imaginée pour empêcher les ordonnateurs d'accroître leurs disponibilités, en prélevant sur les crédits de plusieurs années, le comptable doit veiller à la stricte observation de ce principe. Sa surveillance se superpose, pour ainsi dire, à l'action de l'ordonnateur, tout en s'étendant à des objets qui restent étrangers à ce dernier : il est tenu de rechercher si, depuis l'ordonnancement, aucun fait n'est survenu de nature à altérer les conditions prescrites : par exemple, il refusera d'acquitter un mandat présenté après la clôture de l'exercice, et le créancier devra réclamer un réordonnancement sur le chapitre des exercices clos. De même pour les mandats périmés (D. 1862-126) (1). Ces condi-

(1) L'ordonnancement doit, en principe, s'effectuer avant le 31 mars de la 2e année de l'exercice (L. 25 janvier 1889-4) et le paiement avant le 30 avril. Sinon, il y a lieu d'appliquer les règles relatives aux exercices clos : un chapitre est ouvert au budget courant, se réfère à un état de créances restant à payer, dressé en fin d'exercice et inséré ultérieurement dans la loi de règlement. Exception est faite pour les restes à payer inconnus (pensions.....) dont la dépense s'imputera sur un chapitre spécial de l'exercice courant.

Ordonnancement et paiement sont aussi soumis aux délais de prescription, 5 ou 6 années, sauf les exceptions sur exercices périmés : un crédit est alors ouvert par une loi qui se reporte au chapitre du budget

tions de temps sont, comme les conditions de forme et de preuve des droits acquis (D. 1862-63), des garanties contre l'arbitraire des ordonnateurs.

Le sujet de validité de la quittance, de non-existence d'opposition, échappe à l'administrateur, en principe. Le comptable en est seul chargé ; mais ici même, il a pour mission de restreindre le libre arbitre des ordonnateurs en sauvegardant les droits de l'État et des tiers.

Il convient d'insister sur l'obligation d'annexer des pièces justifiant la régularité des opérations et de la dépense. Le ministre des finances exerce à cet égard, par l'intermédiaire de ses agents, un contrôle efficace et incessant.

Sous l'ancien régime, aucune règle : les ministres émettaient des acquits au comptant, au vu desquels, sans justifications ni indications de motifs, le comptable devait payer la somme indiquée.

Le décret du 24 messidor an XII (13 juillet 1804), réservait aux ordonnateurs le droit de désigner les pièces à joindre aux ordonnances et mandats. Il était stipulé qu'on devait en fournir pour les marchés, la solde, et produire les factures pour le service du matériel. Mais si les pièces n'avaient pas été jointes à l'ordonnance, la

ouvert pour mémoire. — Un décret suffit pour les rentes consolidées et les pensions.

Rappelons que l'ordonnance d'exercice clos est annulée au 31 décembre suivant, tandis que l'ordonnance sur exercice périmé vaut jusqu'à la fin de l'exercice courant.

Commission de comptabilité (1) prévenait simplement le Gouvernement, qui restait libre d'agir.

La loi organique de la Cour des comptes, 16 septembre 1807, article 18, énonçait encore : « la Cour... ne pourra refuser aux payeurs l'allocation des paiements par eux faits sur ordonnances revêtues des formalités prescrites et accompagnées des acquits des parties prenantes et des pièces que *l'ordonnateur aura prescrit d'y joindre* ». Cette formule favorisait singulièrement les administrateurs en supprimant tout contrôle. Il était bien entendu que la demande de paiement devait s'appuyer sur certaines pièces, mais la désignation de ces pièces restait à la discrétion du requérant, qui pouvait se contenter de justifications insuffisantes, illusoires.

Aujourd'hui, aucun paiement ne peut être effectué que pour l'acquittement d'un service fait, et l'administrateur est obligé d'annexer à son ordre les pièces démontrant qu'il s'agit d'éteindre une dette de l'Etat, régulièrement justifiée (Décret 1862-10 et 87). Le progrès est énorme : c'est l'intrusion directe du ministre des finances dans le champ d'action de ses collègues, par l'intermédiaire des agents payeurs. Que de résistances s'étaient élevées à propos du contrôle de la Direction du mouvement des fonds, chaque administration entendant rester isolée, seule maîtresse en son domaine ! Les mêmes intérêts particularistes s'étaient

(1) Commission de comptabilité nationale organisée par arrêté du 29 frimaire an IX.

coalisés lors de la discussion qui aboutit, après des incidents prolongés, à l'adoption du principe qui nous occupe.

Disons dès l'abord que ce résultat est dû à la Commission de 1821 « chargée d'étudier diverses questions de comptabilité ». Il fut entendu que tout ordre de dépenses devrait être accompagné des preuves de la régularité de l'opération. L'ordonnateur n'était plus libre de déterminer lui-même les pièces à produire : elles devaient être fixées par des nomenclatures, arrêtées de concert entre le ministre des finances et les ministres intéressés.

La réforme trouve son expression dans l'article 10 de l'ordonnance du 14 septembre 1822 (1), ainsi conçu : « Toute ordonnance et tout mandat de paiement doivent être accompagnés des pièces constatant qu'il s'agit de payer une dette de l'Etat régulièrement justifiée. »

Les ministres de l'époque étaient absolument opposés à cette idée de production des pièces justificatives. Ils prétextaient devoir les conserver par devers eux comme preuve du bien fondé des dépenses acquittées sur leurs ordonnances, et de la régularité de leurs comptes ; cet argument assez spécieux fut écarté par la Commission de 1821, qui fit observer que la production des copies de documents serait seule obligatoire, les

(1) Ordonnance du 14 septembre 1822, art. 10 et 13 ; D. 1862-87 et 89. L'art. 89 dispose : « Toutes les règles relatives aux ordonnances de paiement sont applicables aux mandats des ordonnateurs secondaires. »

minutes restant à la disposition des ordonnateurs, en tant que moyens de défense.

Le principal grief était autre : « La responsabilité du ministre suffit, disait-on, pour garantir la juste application des crédits aux dépenses. Vis-à-vis du ministre des finances, les quittances des parties prenantes suffisent également pour établir la régularité du paiement. *Exiger davantage serait ériger le ministre des finances en juge de ses collègues* (1). »

Voici bien l'aveu dans toute sa simplicité : pas de contrôle d'une administration étrangère ! Les résistances des intéressés prouvent que nous sommes en présence d'un élément capital, intime, du contrôle des ordonnateurs, et mettent en lumière toute l'importance de la mission du comptable, mission permanente, au jour le jour, sanctionnée au besoin par une responsabilité pécuniaire.

La Commission de 1821 passa outre, dans son rapport du 25 février 1822, en observant que l'indépendance des ordonnateurs, comme chefs de service, resterait entière : les comptables n'étaient pas érigés en juges des pièces fournies, mais uniquement de leur validité, de leur régularité. Il n'importe qu'au point de vue comptabilité, l'ingérence du ministre des finances dans les opérations de ses collègues est indéniable ; mais elle ne s'exerce que sur des points externes, selon

(1) V. Stourm, *id.*, p. 493 et Opuscule, *De la comptabilité des dépenses publiques*, Paris, 1822.

des règlements déterminés, en laissant aux ministres la latitude d'action et la responsabilité qui en découle.

Son importance est néanmoins très grande ; les observations de la Commission de 1821 en font foi : « N'est-il pas utile, disait le Rapport de 1822, que, dans la partie où ses comptes au roi et aux Chambres sont le contrôle des comptes rendus par les ministres ordonnateurs, le ministre des finances puisse attester que les ordonnances n'ont été délivrées que pour des services constatés, que leur paiement a réellement servi à consommer l'extinction d'une dette, la libération de l'État ? N'est-ce pas donner aux Chambres la garantie qu'en aucun cas les titres de créances ne pourront être établis, altérés ou modifiés après le paiement dans les bureaux administratifs...... »

Les préoccupations de la Commission se référaient, on le voit, aux deux ordres d'idées suivants : crainte des faux mandats, irrégularités ou falsifications dans la présentation des comptes administratifs. Cette dernière question s'explique d'elle-même, et reviendra d'ailleurs à propos des redditions de compte des ordonnateurs.

Quant aux mandats fictifs (1), c'est un danger inhé-

(1) Une circulaire du Ministre de l'Intérieur, 25 mars 1872, définit ainsi le mandat fictif : « ce procédé consiste à délivrer un mandat pour une dépense qui n'a pas été faite, ou pour une dépense autre que celle qui a été faite. Il suppose un créancier imaginaire ; ou un créancier complaisant qui associe sa complicité à celle de l'ordonnateur et consent à exagérer une facture ou même à la dénaturer » (Cité par Stourm, *id.*, p. 495).

rent à toute organisation financière un peu étendue : étant donné que les comptables paient sur pièces, au vu de justifications, ces pièces et leurs énonciations sont-elles réelles, exactes ? Impossible de s'en assurer *de visu* par l'examen de l'objet de la dépense. Le contrôle reposera toujours sur la présentation de documents que l'on ne peut matériellement vérifier tous. Force sera de s'en rapporter en partie à la bonne foi des administrateurs, stimulée par certaines dispositions comminatoires (1) ; mais en partie aussi, la juxtaposition des justifications exigées, et leur comparaison, serviront de contrôle effectif, et pourront bien des fois amener la découverte de fraudes.

L'affaire du fort de Villeras est classique en la matière : la comparaison de deux décomptes dressés à quelques semaines d'intervalle fit ressortir, dans le second, la disparition d'une quantité de 90.000 mètres cubes de terrassements. La première énonciation se référait donc à un travail fictif, à une dépense imaginée, en l'espèce, pour masquer un versement irrégulier d'acomptes (2).

Un autre exemple non moins célèbre, car il détermina une crise ministérielle partielle, la retraite du ministre de la justice, M. Pouyer Quertier, fut l'objet d'une discussion à l'Assemblée nationale, le 9 mars 1872. Il

(1) Décret 1862-15 : « les administrateurs sont responsables de l'exactitude des certifications qu'ils délivrent » (C. pénal, 175-177).

(2) Rapport de la Cour des comptes au Président de la République pour l'exercice 1876 (12 juillet 1882).

s'agissait d'un ordonnateur secondaire, un préfet qui, prétextant des travaux pour un hospice, avait délivré de faux mandats, destinés en réalité à couvrir les dépenses d'ameublement d'une chambre à coucher de la préfecture. L'orateur, garde des sceaux, M. Dufaure, disait, en parlant de cet « abus horrible », que c'était « un exemple entre mille ». C'est la justification des formalités imposées aux divers ordonnateurs dans le but de permettre le contrôle tant des payeurs, et par suite du ministre des finances, que plus tard du juge des comptes (1).

Le principe admis, il fallait prévoir des difficultés de pratique, ne pas laisser les ordonnateurs libres de déterminer *quelles* pièces on pourrait leur demander, ni les comptables de réclamer celles que bon leur semblerait : les uns auraient péché par indulgence, les autres, imbus de leur responsabilité, par des exigences exagérées. Double péril prévu par l'Ordonnance de 1822, dont les dispositions se retrouvent dans le décret de 1862, article 88 : les bases de nomenclature à établir de concert entre le ministre des finances et ses collègues ont été fixées ; les payeurs n'ont pas à réclamer d'autres pièces en dehors de celles énumérées (2). Il est

(1) L'ordonnateur qui a délivré des mandats fictifs peut, ainsi que ses complices, être déclaré coupable occulte (note 70 *bis*, Cour des compes).

(2) Sauf, bien entendu, pour les dépenses non prévues. — C. Etat, 8 septembre 1830, casse un arrêt de la C. des Comptes qui exigeait d'un payeur des pièces justificatives étrangères aux nomenclatures.

à remarquer qu'il en est autrement des documents relatifs à la validité de la quittance, à l'identité du créancier ; le comptable n'est limité en aucune façon, exige ce qui lui paraît utile.

Les précédentes obligations des payeurs ont pour corollaire certains droits à l'encontre des ordonnateurs. Si, malgré des omissions ou des irrégularités, le paiement est effectué, le comptable sera responsable des suites, et sujet à voir la dépense mise à sa charge par le juge du compte ; en effet, les justifications restent annexées à l'ordre de paiement, et seront appréciées au second degré, pour ainsi dire, par la Cour. Aussi peut-il demander des rectifications, des compléments de pièces, et, par suite, suspendre le paiement, fermer sa caisse. Ce refus est définitif en certains cas, en dehors desquels l'ordonnateur a le droit « de forcer la caisse », de requérir le paiement.

Ces circonstances surviendront, soit avant l'arrivée du créancier chez le comptable, cas le plus fréquent depuis le D. 1er mai 1867 qui a généralisé la communication préalable des mandats aux trésoriers-payeurs, soit au moment de la présentation du titre de créance : alors, les raisons du refus devront être données par écrit au créancier, qui se pourvoira près de qui de droit ; en même temps, le ministre des finances sera prévenu par son subordonné. Une telle conduite ne peut être motivée que par quatre hypothèses déterminées (1), spécifiées en partie par l'article 91 du décret de 1862 (2).

Citons pour mémoire les faits entachant la validité de la quittance. Restent les cas d'absence, d'insuffisance de crédits, et les irrégularités matérielles (3) ou omissions de pièces. — Si la justification du *service fait* demeure néanmoins entière, la résistance du payeur sera levée par un ordre écrit de l'administrateur : le comptable s'exécutera, en annexant au titre du créancier la copie de sa déclaration et l'acte original de réquisition. Il est tenu de faire un rapport immédiat au ministre des finances : ainsi sa responsabilité est à l'abri derrière

(1) Le droit de réquisition est la règle pour les dépenses de l'État et du département : le comptable ne peut refuser son concours que pour des situations bien définies et ne comportant pas d'extension.

(2) L'article 91 est incomplet à plusieurs égards : il n'énumère que trois cas de réquisition, omettant l'éventualité d'une opposition régulière. Or le décret du 18 août 1807-9 est formel : « Tout payeur..... entre les mains duquel il existera une saisie-arrêt ou une opposition sur une partie prenante, ne pourra vider ses mains sans le consentement des parties intéressées, ou sans y être autorisé par justice. » Il faut ajouter le non-renouvellement de l'inscription pendant 5 années. — Le droit de réquisition du ministre des finances n'est même pas prévu. — La commission de révision du décret de 1862 a complété sur ce point l'article 91. Elle propose aussi de substituer à l'expression « les comptables ne peuvent suspendre les paiements assignés sur leur caisse que dans les cas de..... » la formule impérative « le comptable doit suspendre le paiement aux cas d'absence de crédits, d'opposition dûment signifiée, de difficulté sur la validité de la quittance ».

(3) Il y a irrégularité matérielle quand les pièces justificatives ne sont pas conformes aux règlements, ou quand les indications de noms, sommes ou services, portées dans l'ordonnance ou le mandat, ne sont pas d'accord avec celles qui résultent de ces pièces (Décret 1862-91, 2e alinéa).

celles du ministre ordonnateur et du ministre des finances dûment averti.

Il est juste d'avouer que ces responsabilités sont parlementaires, non plus matérielles comme l'était celle du comptable. Nous sommes en présence d'un droit exceptionnel, peut-être irrationnel, dont il convient de limiter l'abus possible. Aussi dès qu'il s'agira d'irrégularités sérieuses, l'ordonnateur devra négocier ou s'incliner : le ministre des finances, gardien des intérêts pécuniaires de l'État, sera prévenu *avant* tout paiement, et mis à même de prendre les mesures nécessaires, d'opposer peut-être un veto définitif aux prétentions de ses collègues. En d'autres termes, le comptable émettra un refus catégorique ; après en avoir référé au ministre des finances, il n'ouvrira ses caisses que sur l'ordre formel de ce ministre, intervenant après entente avec le ministre intéressé, dans le cas de non-justification de service fait, de non-disponibilité de crédits (1).

La haute portée de ces irrégularités résulte, pour le premier point, des explications relatives aux mandats fictifs ; et quant à la seconde hypothèse, il suffit de rappeler les dangers des dépassements de crédits votés, la multiplicité des règles destinées à y obvier : en outre, relativement aux ordonnateurs secondaires, la nécessité de les empêcher de bouleverser les répartitions des crédits ministériels sans attendre les délégations régulières (2).

(1) Et de doute sur la validité de la quittance.

(2) Ces règles souffrent quelques exceptions. En ce qui concerne la

Les mêmes règles régissent, en effet, les ordonnateurs secondaires (D. 1862-89). Elles s'appliquent également au préfet, envisagé comme ordonnateur principal du département.

On sait que la réforme de 1892 a doté les départements d'une autonomie budgétaire. Auparavant, leurs budgets étaient groupés et insérés dans les lois de finances. Les ministres veillaient à maintenir les dépenses locales dans la limite des ressources; ils possédaient, non l'exécution des services, mais l'administration des crédits, qu'ils déléguaient en exerçant un contrôle matériel. La loi du 18 juillet 1892 et le décret du 12 juillet 1893 ont supprimé, avec ce système de budget sur ressources spéciales (1), l'intervention du

solde, service urgent, le paiement a lieu, nonobstant l'insuffisance de crédits, sur l'ordre écrit de l'ordonnateur, ordre annexé ensuite au mandat comme justification devant la Cour des comptes, O. 14 septembre 1822-16 et D. 1862-92.

D'autre part, les justifications sont quelquefois postérieures au fait du paiement; ceci arrive pour les services régis par économie, pour les traites de la marine, le service de la solde opéré au moyen d'avances. Il est bon d'ajouter qu'il y a des limites de temps et de quotité : D. 23 septembre 1876 pour les constructions d'instruments de précision, les avances ne peuvent excéder le tiers de la dépense totale : D. 24 mars 1877 sur le service de la Trésorerie aux armées : 45 jours et 35.000 francs, etc...

Enfin, relevons que, pour la solde, si le contrôle du comptable est restreint, les administrateurs eux-mêmes, généraux, directeurs, intendants, ont une responsabilité *pécuniaire* dont compétence appartient au ministre de la guerre. L. 16 mars 1882 et D. 1883.

Ce déplacement de responsabilité est remarquable et justifié.

(1) A noter que lors de la suppression de ce budget sur ressources spéciales, et en vue de l'unification budgétaire, la Chambre a refusé

ministre. Les fonctions d'ordonnateur du département ne se confondent plus avec celles d'ordonnateur des services de l'État. Mais le préfet et le trésorier-payeur restent soumis aux mêmes obligations : mêmes formalités de mandatement, de contrôle, de communication au comptable, de visa. Le trésorier-payeur peut suspendre le paiement, le préfet peut requérir sous sa responsabilité, chacun d'eux rendant compte à leurs supérieurs hiérarchiques (1).

Au contraire, le maire n'a pas le droit de réquisition : c'est un représentant plutôt qu'un agent du pouvoir central ; n'étant pas salarié, sa responsabilité doit être moindre, comme ses droits. Ainsi s'exprime une circulaire du 22 février 1870 : « Les ordonnateurs de l'État sont salariés, responsables ; le maire ne l'est pas. Il tient moins à sa charge. Il ne doit pas pouvoir substituer sa responsabilité à celle du receveur municipal, fonctionnaire cautionné. » Le créancier aurait donc à prendre les mesures nécessaires, à s'adresser au préfet, ou à se servir des moyens d'exécution forcée autorisés

d'ouvrir un compte parmi les services spéciaux du Trésor pour les fonds de secours et non-valeurs : « cette création favoriserait les désirs des administrations dépensières ; il est, au contraire, du devoir du ministre des finances de faire disparaître, sous quelque nom qu'ils se cachent, ces comptes avec faculté de report sur lesquels le Parlement ne peut que difficilement exercer son contrôle » (Discours, ministre des finances. Chambre, 9 juillet 1892).

(1) Cependant 2 différences : la réquisition du préfet peut se produire pour irrégularités quelconques dans les pièces. Le refus du payeur peut viser un défaut de fonds.

contre la commune. D'ailleurs, pour éviter des refus arbitraires, peu probables, car le receveur municipal en défaut s'exposerait à des dommages-intérêts outre les peines disciplinaires, une circulaire du 30 novembre 1876 indique les pièces à exiger. Au cas de discussion sur l'interprétation des nomenclatures, le ministre de l'intérieur, après en avoir conféré avec le ministre des finances, statuerait par une décision complétant l'énumération.

Tels sont les éléments d'action du comptable, véritable fondement du contrôle des ordonnateurs dans le système français. Il constitue le premier obstacle aux velléités indépendantes des administrateurs. Tout en respectant des règles préfixes, ces investigations continues et multiples sont, tant par leur objet que par leur masse et le nombre des surveillants, un empêchement et une menace du plus grand poids. Bien des irrégularités ont été arrêtées, ou, chose essentielle, dévoilées dès leur naissance. — La responsabilité des comptables, matérielle et strictement assurée, est une raison de cet effort. En outre, tous ces agents, dont les fonctions sont incompatibles avec celles d'ordonnateur (1), relèvent d'une même administration (2), avertie sans retard et sans scrupules de toutes les défaillances; tous rendent des comptes établis parallèlement à ceux des adminis-

(1) V. *suprà*. Ord. 14 sept. 1822-17 et décret 1862-17.

(2) Nous avons indiqué la disparition des payeurs spéciaux à chaque ministère.

trateurs, en partie à l'aide d'éléments qu'ils en ont reçus : chaque comptabilité vérifie l'autre, et en définitive les opérations des ordonnateurs sont contrôlées par l'apurement des opérations des comptables.

Mais, dans une certaine mesure, en raison de cette division même, l'autorité du comptable à l'encontre des administrateurs est inexistante. N'y aurait-il pas lieu d'établir un contrôle supérieur aux deux fonctions ? La question se représentera par la suite.

D'autre part, il ne suffit pas de vérifier les actes des ordonnateurs au moment où ils se manifestent par une demande de fonds : il est nécessaire de prévoir les conséquences des engagements de dépenses, source de dépenses ultérieures inévitables, et de suivre la progression de ces engagements.

Il convient de surveiller également la gestion du patrimoine mis à la disposition des ministres.

A ces derniers points de vue répondent la comptabilité des dépenses engagées et la comptabilité-matières. Quelques indications seront données au sujet de l'administration du Domaine.

CHAPITRE IV

COMPTABILITÉ DES DÉPENSES ENGAGÉES PAR LES ORDONNATEURS.

Cette forme de contrôle affecte un caractère mixte : la comptabilité est tenue par un agent qui relève de l'ordonnateur : les éléments sont élaborés, réunis au sein de chaque administration, qui procède à une première vérification ; une deuxième, beaucoup plus générale, découle de la transmission périodique, au ministre des finances, d'états dont profiteront ce ministre même, la Cour des comptes et le Parlement. Enfin, le contrôle sur place, exercé par la Commission de vérification des comptes ministériels, affirmera l'exactitude des renseignements fournis.

Les ministres, par eux-mêmes ou par délégation, ont mission d'engager les dépenses publiques. Diverses limitations, quelques-unes déjà rencontrées (avis et contreseing du ministre des finances sur tout décret ajoutant aux charges financières de l'Etat (1), responsabilité ministérielle énoncée en l'article 41 du décret 1862, spécialités budgétaires...) constituent des garanties et

(1) Décret, 1er décembre 1861.

des contrôles. Pour les renforcer, une comptabilité spéciale a été imaginée : jusqu'ici les écritures administratives ne comprenaient obligatoirement de faits précis qu'à dater de la liquidation. On a tenté de saisir les opérations antérieures, les engagements qui absorbent aussi bien les crédits et sont une source inépuisable de demandes de dotations supplémentaires.

On peut envisager les dépenses à deux points de vue, les distinguer en permanentes et non permanentes ou extraordinaires.

La première catégorie, où rentrent les frais du personnel et de la dette (1), assure la marche des services, et subsiste sans modifications, tant que n'intervient une décision nouvelle. Le ministre est limité dans son action : sans doute, en pourvoyant à une vacance, en présentant un décret de concession de pension, d'émission d'emprunt, il engage la dépense. Mais des actes antérieurs, loi, décrets, arrêtés, l'ont ordonnée, en ont fixé les cadres. L'ordonnateur se trouve en présence de droits acquis, ou de décisions qui restreignent son initiative.

Il agit plus librement vis-à-vis des dépenses non permanentes, qui ont trait aux services du matériel, tout en demeurant obligé de solliciter certaines autorisa-

(1) Ce sont là des dépenses permanentes-fixes, par opposition à des dépenses également permanentes, mais variables dans leur quotité en raison d'événements impossibles à prévoir, telles les opérations payées sur remises.

tions (1), et de respecter certaines conditions de forme et de fond (2).

Déjà ces formalités tendaient à empêcher les abus de pouvoir, et surtout à prévenir les engagements de dépenses inconsidérés, car une dépense entreprise est malaisément suspendue et doit être payée une fois faite. Allant plus loin, on essaya de les « réglementer dès leur naissance ».

On avait songé à créer une direction générale du contrôle des dépenses publiques, sous l'autorité du ministre des finances (3) ; le chef de la comptabilité de chaque ministère aurait été nommé par lui et serait demeuré sous sa dépendance. Ce projet (4) parut hérissé de difficultés politiques, constitutionnelles : comment le ministre des finances aurait-il exercé son contrôle ? Comment, ne possédant pas de prépondérance effective, aurait-il pu refuser de viser un arrêté pris par ses collègues ? Ces raisons, sans être décisives, amenèrent la Commission du budget pour l'année 1891 à l'adoption d'une mesure plus restreinte : une comptabilité et un contrôle devaient être constitués à l'intérieur de chaque ministère.

(1) Loi 27 juillet 1870 pour les grands travaux publics. Loi 11 juin 1880 pour les chemins de fer d'intérêt local. Lois de finances pour les constructions navales.

(2) Loi 31 janvier 1833 étend à tous les marchés de l'État le principe de l'adjudication avec concurrence et publicité. *Id.* Décret 18 novembre 1882.

(3) Cpr. Décret 1er décembre 1861.

(4) Projet Peytral, 1888.

La loi du 26 décembre 1890 et le décret du 14 mars 1893 répondirent à cette idée. La loi, en son article 59, posa le principe : « Dans chaque ministère, il sera tenu une comptabilité des dépenses engagées, présentant à jour la situation des ressources disponibles sur chaque chapitre. Les résultats de cette comptabilité seront adressés mensuellement à la Direction générale de la comptabilité publique. » Ainsi chaque ministre se crée à lui-même un service de renseignements, qui l'éclaire sur sa situation budgétaire, lui permet de connaître sans délai les engagements pris et les disponibilités présentes et futures. Dès lors, semble-t-il, les dépassements de crédits seront effectués intentionnellement, en toute connaissance de cause : ce qui permettra d'établir une répression sévère, et peut-être un système *pratique* de responsabilité ministérielle.

En même temps, la loi stipule de tenir au courant le ministre des finances : il en résulte logiquement le droit pour ce ministre de s'élever contre les abus portés à sa connaissance, de s'opposer, tout au moins dans la limite de ses moyens actuels, aux prétentions exagérées ou irrégulières.

Comment allait-on organiser ce nouveau service, quelle serait sa portée exacte ? Il ne fallait pas songer à noter tous les engagements de dépenses : parmi les dépenses permanentes, les unes, résultant du fonctionnement même des services, auraient encombré inutilement les tableaux de contrôle. D'autres demeurent inconnues dans leur quotité jusqu'à l'échéance. Le contrôle, inutile pour les dépenses permanentes fixes, impossible pour les dépenses permanentes variables, devait se restreindre aux engagements éventuels. Mais une comptabilité parallèle embrasse la généralité des engagements, pour offrir la situation exacte de l'état des crédits.

Aucune proposition de dépenses n'est soumise au ministre sans avoir été vérifiée et visée par le chef du contrôle, qui donne son avis motivé exclusivement sur les disponibilités de crédits, l'exactitude des imputations et des évaluations (D. 1893-4). Les questions d'opportunité lui échappent. Si la proposition est admise par le ministre, elle est communiquée au contrôleur pour enregistrement (1).

Les dépenses fixes, après avoir été autorisées par le ministre, sont également communiquées au contrôleur qui en prend note dans ses écritures. Elles sont considérées comme engagées dès le début de l'année, sauf rectifications ultérieures.

(1) Dans certains ministères, pour permettre la marche et le contrôle du service même des dépenses engagées, les choses se passent ainsi qu'il suit. Les propositions comportant engagement de dépenses sont, avant d'être soumises au ministre, communiquées pour examen et visa au service des dépenses engagées, avec un bordereau contenant les indications nécessaires à la double fonction de centralisation et contrôle de ce service. Le contrôleur vise le bordereau, en y inscrivant ses observations s'il y a lieu. Puis les propositions sont soumises à la signature du ministre, qui prend connaisssance du bordereau adjoint. Une fois signées, elles reviennent au service des engagements qui enregistre la dépense, garde le bordereau et renvoie les propositions visées « pour communication » aux bureaux ordonnateurs intéressés.

Le contrôleur est ainsi en mesure de tenir sa comptabilité. Chaque jour, les Directions qui engagent les dépenses lui envoient des relevés, qui lui permettent de suivre les opérations et de noter les modifications aux évaluations primitives. Le service doit, en effet, faire état des augmentations et diminutions qui viennent à se produire (Décret 1893-7).

C'est, en somme, une situation analogue à celle qui a été créée au préfet, ordonnateur des dépenses départementales, par la loi du 18 juillet 1892 et le décret du 12 juillet 1893, dont les difficultés d'application ont été moindres : le préfet tient un « Carnet des dépenses engagées », destiné à établir la comparaison entre les engagements de dépenses et les crédits correspondants dont le montant ne doit jamais être excédé : par articles sont indiqués les chiffres des allocations premières, le détail des modifications et les dépenses effectuées.

Inutile d'insister sur l'importance de ces prescriptions qui assurent une plus stricte observation de ce principe essentiel : le droit de dépenser dérive des autorisations législatives, non de l'existence des ressources.

Ainsi, dans chaque ministère, le contrôleur a centralisé sur des registres *ad hoc* les résultats accusés par les comptabilités particulières des bureaux, pour suivre pas à pas l'emploi des crédits dont ils ont la disposition. Il établit un état relatif aux dépenses engagées pour l'année et, innovation remarquable, un état spécial pour celles qui embrassent plusieurs années, qui grèvent les exercices à venir : ce sera fort utile pour contrôler les engagements de l'Etat et apprécier les demandes de crédits supplémentaires.

Ces dispositions résultent du décret du 14 mars 1893 : trois registres doivent être tenus par chaque ordonnateur principal, pour opérer la synthèse des services : un carnet destiné à l'inscription, après approbation du ministre, de toute proposition entraînant dépense. — En second lieu, un carnet dit « des dépenses engagées » ayant pour objet de permettre au bureau centralisateur de suivre l'emploi et la disponibilité des crédits, ouverts par le budget, par des lois spéciales ou par des décrets. C'est le registre qui est tenu à l'aide des états et des relevés fournis par les services qui administrent les crédits, et d'après les renseignements puisés dans le carnet précédent. — Enfin, le carnet spécial à l'enregistrement des autorisations de dépenses dont l'effet se répercute sur plusieurs exercices consécutifs.

Chaque jour, les ministères relèvent la situation des crédits ; chaque mois, le 25, le ministre des finances reçoit communication, d'après le carnet des dépenses engagées, de tableaux indiquant la situation, au dernier jour du mois précédent, des crédits ouverts, et les dépenses engagées avec leur distinction en personnelles ou faites pour autrui (V. D. 1893-8°).

L'état, par *exercice* et chapitres, des dépenses engagées pour plusieurs années n'est dressé, d'après le carnet spécial, et transmis au ministre des finances, que deux fois par an, fin janvier et fin juillet (1). Enfin, tous les trois mois ce ministre reçoit encore une situation faisant ressortir, pour chacun des chapitres du budget, le montant des crédits ouverts, des dépenses engagées, et les prévisions de dépenses à entreprendre jusqu'à la fin de l'exercice (Circulaire du min. des finances, 30 avril 1895).

Ces relations permettent au ministre des finances de produire aux Chambres des comptes rendus périodiques (ordre du jour du 23 juin 1894) et de publier en fin d'année, comme le prescrit la loi du 28 décembre 1895, article 52, la situation des dépenses engagées au 31 décembre de la première année de l'exercice. C'est un mode de centralisation très efficace en vue du contrôle, ce dernier restant théorique s'il ne suit de près les faits. Cette situation au 31 décembre est d'ailleurs provisoire, les excédents de dépenses pouvant s'atténuer par suite de déclarations ultérieures de fonds libres, de revues de liquidation en retard, etc.

Quels sont les résultats de cette comptabilité, restée distincte, il convient de le rappeler, de la comptabilité des liquidations, ordonnancements et paiements, qui s'appuie sur des faits certains et donnait déjà lieu à

(1) Ces deux communications donnent également lieu, dans le sein de chaque ministère, à l'envoi, par les services ordonnateurs au service des dépenses engagées, de relevés mensuels et semestriels avec indications conformes.

des communications mensuelles à la Comptabilité publique ?

Les Commissions de vérification (1), au cours de leurs investigations sur les écritures centrales des ministres, fournissent d'intéressants détails sur l'exécution des prescriptions légales. D'une manière générale, elles constatent que la nouvelle comptabilité n'existe qu'à l'état rudimentaire et ne peut rendre les services qu'on attendait de son organisation. En 1895, aux ministères de la guerre, de la marine et des colonies, elle n'était tenue que d'une manière incomplète, et ne pouvait fournir des résultats satisfaisants au point de vue de la rapidité et de l'exactitude.

Confiée primitivement aux différentes directions administratives chargées d'assurer l'exécution des services, elle ne présentait pas les garanties qu'une centralisation seule pouvait lui donner. De nouvelles instructions (2), dans un sens plus pratique et plus certain, paraissent devoir atteindre le but de la loi de 1890.

Au ministère de l'intérieur, la comptabilité a été essayée seulement à partir de 1895. Depuis 1896, le contrôleur reçoit bien, des différents services, des états mensuels où sont portées les dépenses indiquées comme engagées. Comme il est prescrit, il les enregistre et les

(1) V. Commission de vérification des comptes des ministres pour l'exercice 1894 et l'année 1895 (Rapport du 5 avril 1898).

(2) Instruction, 30 juin 1896 pour la marine, 27 décembre 1897 pour la guerre, 14 janvier 1898 pour les colonies.

reprend dans des états adressés à la comptabilité générale du ministère des finances. Mais, ici même, le contrôleur n'a qu'un rôle passif de centralisateur des indications reçues. Il ne jouit d'aucune autorité sur les services compétents et responsables. Il présente les renseignements avec ordre, selon les distinctions voulues, mais force lui est de s'en tenir aux affirmations des services, sans pouvoir les contrôler : « un tel rôle est inefficace ».

La comptabilité du ministère de l'instruction publique, organisée en 1896, paraît rester à l'état de lettre morte ; les services ne s'y conforment qu'avec les plus grandes résistances, en adressant quelques renseignements inexacts (1) au contrôle qui se borne à les enregistrer et à les transmettre tels quels.

Enfin le ministère des beaux-arts n'a institué le service que pour la forme. Le contrôleur est sans autorité sur ses collègues des autres bureaux, qui ne lui envoient aucun avis des engagements constatés. Les difficultés sont, paraît-il, plus grandes à cause des habitudes et de l'inexactitude des artistes.

Jusqu'à présent, les résultats obtenus ne sont donc pas des plus satisfaisants. Se basant sur cette constatation et sur la persistance des besoins de crédits supplémentaires, certains esprits ont nié l'utilité réelle du système. En vérité, les imperfections tiennent à des

(1) Ce sont les termes exprès du Rapport.

causes destinées à s'atténuer avec le temps, aux difficultés de mise en pratique d'un service nouveau, à l'aléa inséparable d'un ensemble de prévisions, à l'incertitude provisoire de ce qui constitue exactement un engagement de dépenses. On a commencé par distraire du contrôle proprement dit les dépenses permanentes, qui composent la majeure partie des gros budgets : les 4/5 du budget de la marine, les 7/8 du budget de la guerre. Cette distinction ne peut déjà se faire avec une précision absolue. L'embarras s'accentue quand il s'agit de prévoir les suites des engagements de dépenses, ou seulement de déterminer ces engagements eux-mêmes résultant d'actes les plus divers : double incertitude. Toutes les instructions ministérielles répètent après le décret de 1893 que cette comptabilité n'aboutira qu'à des approximations, corrigées par des modifications en cours d'exercice. Il faudra compter beaucoup sur la bonne volonté des administrateurs, qu'il s'agit précisément de contrôler.

Ces observations trouvent leur application si l'on envisage un ministère important, le ministère de la marine, par exemple, où le service a été, en raison de précédents, assez vite organisé (1). On constate bien que la garantie de l'exécution des diverses prescriptions réside dans le zèle tant du contrôle central que des fonction-

(1) Les renseignements suivants ont été obtenus grâce à l'obligeance de M. Sémichon, directeur de la comptabilité générale au ministère de la marine.

naires locaux. Les inspecteurs des ports envoient des états mensuels à l'administration centrale ; les directions locales, à la direction générale correspondante : il faut bien se fier à l'activité loyale des uns et des autres. De plus, en l'état actuel des choses, il est incontestable qu'on n'atteindra jamais dans un tel ministère une exactitude parfaite : les dépassements de crédits, ou, à l'inverse, les annulations en fin d'exercice sont inévitables.

Par exemple, on est obligé d'autoriser sans retard les ports à utiliser une partie des crédits qui constituent leur « dotation » ; or, ils ne feront connaître leurs fonds libres qu'à la fin de l'exercice, c'est-à-dire trop tard pour permettre à la Direction centrale de les utiliser par une nouvelle affectation : d'où, matière à annulations faute d'emploi. Les marchés passés à l'étranger sont aussi une source de retards et, par suite, d'aléas. De même, des dépenses sont engagées pour le courant de l'exercice, bien que l'on se trouve encore sous le régime des douzièmes provisoires : on attend les votes pour payer !

Pour les constructions navales, l'autorisation de construire est considérée comme permettant, comme ordonnant même au ministre, sous peine de négligence et de responsabilité, d'engager les dépenses nécessaires à l'exécution complète du travail. Par des motifs semblables, il est indispensable, au début de l'année, d'ordonner des engagements de dépenses très supérieurs aux sommes qui doivent incomber définitivement à l'exercice : ceci en prévision des remises inévitables, des inexécutions fréquentes des marchés. L'excédent peut être évalué au tiers des totaux prévus, et la raison en est le plus souvent avouée et notée dans la colonne « observations » des états produits.

Les dépenses permanentes ne peuvent elles-mêmes être tenues à jour dans la comptabilité : considérées comme engagées dès le début pour la totalité, elles donnent lieu à des fluctuations provenant de mutations, de retenues, de faits dont la connaissance exige des délais plus ou moins longs.

Ces raisons ont conduit quelques personnes à considérer la comptabilité des dépenses engagées comme une mesure d'ordre, uniquement destinée à éclairer le ministre sur sa situation probable au jour le jour. Eviter même les dépassements de crédits paraît un idéal irréalisable dans les grandes administrations où les dépenses éventuelles, lointaines, les marchés importants et irrégulièrement exécutés sont nombreux. Un tel but ne paraît possible que dans un ministère comme celui de l'agriculture, exempt d'aléa, ne présentant en majeure partie que des dépenses permanentes et assujetti à des marchés de peu d'importance.

C'est une généralisation un peu hâtive de défectuosités inhérentes à tout système nouvellement organisé, et basée en partie sur des appréciations inexactes, sur des critiques qui s'adressent plutôt au fonctionnement intime et aux relations des bureaux administratifs. On ne peut prétendre atteindre la perfection du premier coup ; il est toutefois permis de chercher à s'en rapprocher avec patience ; quelques innovations sont déjà remarquables, comme l'état spécial des engagements sur plusieurs exercices, fort bien imaginé pour parer aux inconvénients des opérations de longue haleine et contrebalancer leur moindre contrôle.

Il est vraisemblable que certaines manières d'agir sont incompatibles avec les besoins nouveaux, que les bureaux n'apportent pas tout le zèle et toute la célérité désirables dans les envois de documents et surtout dans les estimations effectuées sur place. La faute paraît en être à l'absence d'autorité particulière du service chargé du contrôle, sur les différentes administrations qui possèdent la disposition des crédits, et principalement à l'irresponsabilité des uns et des autres. La création d'un agent spécial (1), indépendant et responsable, rendrait les plus grands services (2).

A la suite d'observations répétées de la part des Commissions de vérification des comptes des ministres, de réels efforts ont été faits pour combattre l'indifférence et la négligence des bureaux. L'Instruction de 1896 (3), établie sur l'ordre du ministre de la marine, s'exprime ainsi : « Il se peut que l'organisation du nouveau service

(1) En général le contrôleur n'est autre que le directeur de l'ordonnancement.

(2) Voir *in fine* le projet d'une direction générale du contrôle.

(3) Instruction du 30 juin 1896 déjà citée, *Bulletin officiel*, p. 1015.

offre, à l'épreuve de la pratique, des défectuosités, des complications inutiles, par exemple, ou des lacunes. Il appartiendra aux directions intéressées de me signaler sans retard celles qu'elles seront amenées à constater. Je veillerai à ce qu'il y soit porté remède avec toute la célérité et dans toute la mesure du possible. — Il importe en tous cas que la marche du service soit facilitée par le concours des bureaux administrateurs, et je compte sur le zèle de tous pour m'aider à faire sortir de l'organisation mise à l'essai toute l'utilité qu'on est fondé à en attendre. »

D'ailleurs, ce serait une profonde erreur de limiter la portée de la comptabilité récente, en voulant l'assimiler à un ensemble de procédés de pure statistique. Le décret de 1893 et les instructions ministérielles subséquentes ont indiqué de la façon la plus précise qu'il s'agissait d'établir un organe de contrôle, dans la stricte mesure déterminée. Plusieurs ministères possédaient déjà, en vertu d'arrêtés, des écritures relatives aux dépenses engagées. L'innovation consiste justement dans la création d'un service intérieur mixte de centralisation et de contrôle spécial, avec unification au département des finances. Si ce ministère n'a pas encore, à cet égard, conquis de prérogatives particulières, cela constituera peut-être un nouveau point de départ ; en tous cas, ce permettra au ministre des finances, comme aux différents titulaires de moyens de contrôle, l'exercice intégral des droits qui leur sont échus d'autre part.

CHAPITRE V

CONTRÔLE ET COMPTABILITÉ DES MATIÈRES A LA DISPOSITION DES ORDONNATEURS.

La fortune publique comprend, à côté des valeurs monétaires, des capitaux immobiliers et mobiliers. Quelles sont les garanties de leur bonne et fidèle administration? Quels contrôles sont assurés?

A l'égard des deniers publics, on a créé une classe de fonctionnaires responsables et distincts des administrateurs dont ils exécutent les ordres réglementaires. On n'a pas encore été aussi loin vis-à-vis des matières mises à la disposition des ordonnateurs, peut-être parce que les mesures prises sont plus récentes, peut-être à cause des obstacles plus notables à la surveillance, au contrôle d'objets épars, impossibles à centraliser et sans valeur constante.

Ainsi, pas de comptables relevant du ministère des finances, mais exécution du service et des dépenses confiée à des agents subordonnés des ordonnateurs; laisser ceux-ci, en pareille matière, libres de leurs actes, ce serait risquer de compromettre les avantages obtenus d'autre part, à la suite des nombreuses mesures qui affectent l'emploi des deniers de l'Etat. A quoi bon surveiller les engagements de dépenses, les liquidations, les ordonnancements, si l'on se désintéresse des suites, des métamorphoses de la fortune publique, de la destination du numéraire?

Le but du contrôle et de la comptabilité en matières est donc bien clair : il faut prévenir les dilapidations, empêcher les ordonnateurs d'augmenter indirectement leurs crédits, tentation d'autant plus forte que le moyen serait simple et peu apparent. Il convient de connaître et de surveiller l'emploi des fonds votés, contre-partie en quelque sorte de la surveillance en deniers ; enfin il reste à contrôler la situation des approvisionnements, leurs transformations, et à en tenir, dans la limite du possible, le compte le plus exact et le plus rapproché des faits.

Quelques souvenirs et éclaircissements trouvent ici leur place. touchant le Domaine en général, c'est-à-dire les valeurs permanentes par opposition avec les matières de transformation et consommation.

Le domaine public, non susceptible de propriété (loi des 22 novembre-1er décembre 1790, art. 2) est géré par l'autorité administrative, par les ministres, chacun dans la sphère de ses attributions (loi des 22 décembre-8 janvier 1790, art. 2, section III).

Le domaine privé a été déclaré prescriptible (loi, 1er décembre 1790-36) et aliénable (*Id.*, art. 8) : « Attendu que le produit du domaine est aujourd'hui trop au-dessous des besoins de l'Etat pour remplir sa destination primitive ; que la maxime de l'inaliénabilité devenue sans motifs serait encore préjudiciable à l'intérêt public » (Préambule 3°).

Pour obvier aux abus et malversations rendus possibles par l'application de ces textes, plusieurs prescriptions ont été édictées : nécessité d'obtenir certaines autorisations pour procéder aux aliénations (1), aux concessions (2), aux échanges ; de respecter des conditions de forme, notamment pour les ventes (enchères avec concurrence, publicité et cahier des charges). Une loi du 25 ventôse an XII avait même pris le soin de déterminer les bases minima des mises à prix.

Par suite des mêmes scrupules, la loi des 28 octobre-5 novembre 1790, titre II, article 1er a défendu aux administrateurs l'exploitation directe, et réglementé les affermages. La régie est une exception (loi, 19 août-12 septembre 1791, art. 8-2°).

D'autres mesures ont pour but de surveiller la conservation de ces domaines, de veiller à leur gestion, et à

(1) La loi du 1er décembre 1790 établissait déjà les conditions préalables aux aliénations ; la loi du 1er juin 1864, tranchant certaines controverses, décide qu'en principe il faut un décret ; mais si la valeur du bien dépasse un million, une loi est nécessaire. — Il n'est pas dérogé aux textes spéciaux : aussi faudra-t-il toujours une loi pour les forêts. D'autres immeubles sont l'objet de dispositions législatives permanentes.

(2) Loi, 3 mai 1841, art. 14 et 61 ; Loi, 24 mai 1842 sur le déclassement des grandes routes ; Décret, 30 septembre 1878 sur les concessions en Algérie ; Loi, 16 septembre 1807-41 sur les lais et relais, atterrissements.

l'accomplissement des formalités exigées au cas d'événements venant à en modifier la consistance.

Le Directoire conçut le projet de faire dresser un inventaire des immeubles. Les ordonnances du 31 janvier 1833-9e, des 6 octobre 1833 et 20 juillet 1835, reprirent cette idée, exécutée en 1850 et en 1873. La loi des 29-30 décembre (art. 22, 23, 24) ordonne aux agents du Domaine de former un tableau des biens de l'État et d'y faire figurer à mesure les nouvelles acquisitions (1). Cet inventaire doit être imprimé et distribué aux Chambres ; il comprend deux volumes, selon que les biens sont ou non affectés à un service public, et en indique la contenance, la valeur (2).

L'ordonnance de 1835 prescrivait d'insérer dans le compte général de l'administration des finances les modifications survenues aux propriétés de l'État. De fait, cela n'a été appliqué que de 1836 à 1850. On a proposé de dresser un tel relevé seulement tous les 5 ans. Le département de la Marine tient déjà de semblables états pour les propriétés immobilières de son ressort, avec révisions quinquennales.

La même loi de 1873 organisait un contrôle de l'administration des immeubles affectés à un service public : la destination devait en être revisée tous les 3 ans par une commission nommée à cet effet, et chargée de

(1) Les mandats d'acquisition, les actes d'aliénation doivent indiquer les numéros du sommier, etc.

(2) Sauf pour les monuments artistiques, comme les cathédrales.

rédiger un rapport à distribuer aux Chambres. En réalité, ce n'est pas pratiqué.

Quant aux logements dans les immeubles, un état doit en être annexé dans la loi de finances (loi 23 avril 1833-12), et, sans être nominatif, indiquer la fonction ou le titre qui ont motivé la concession (décret 1862-186). N'oublions pas que la loi du 16 septembre 1871-27 interdit aux ministres et aux fonctionnaires d'habiter dans les ministères !

En ce qui concerne les objets mobiliers dont l'article 877 du décret de 1862 donne une énumération énonciative, ils sont l'objet de récolements. De même, les mobiliers affectés à l'usage des fonctionnaires sont inventoriés chaque année et lors des mutations de titulaires (Loi 26 juillet 1829-8 et dispositions postérieures) (1), et les résultats sont portés à la connaissance du ministre des finances et de la Cour des comptes. Enfin la loi du 30 mars 1887 a prescrit des mesures de conservation spéciales à l'égard des objets mobiliers appartenant à un établissement public quelconque et présentant un intérêt national (2).

(1) Loi 10 août 1871-83. Ordonnance 3 février 1830.

(2) Loi 30 mars 1887, article 8 : « Il sera fait par les soins du ministre des beaux-arts un classement des objets mobiliers appartenant à l'État, aux départements, communes et autres établissements publics, dont la conservation présente au point de vue de l'histoire ou de l'art un intérêt national. » — Article 10 : « Les objets classés et appartenant à l'État seront inaliénables et imprescriptibles. » — Pour les autres personnes morales, le classement devient définitif au bout de six mois, sauf réclamations tranchées par décret en Conseil d'État. Les objets classés

Pour les valeurs mobilières proprement dites, les ordonnateurs ne peuvent à leur gré faire remise aux débiteurs de l'Etat du montant de leurs obligations. En 1848, il y avait spécialement 21 millions de débets non poursuivis, dont un beau jour le ministre faisait remise. Désormais, en vertu de la loi du 29 juin 1852-13 et du décret 1862-370, tout débet définitivement constaté au profit de l'Etat doit être notifié au ministère des finances dans un délai de quinze jours, et toute remise nécessite un décret en Conseil d'Etat, inséré au *Journal officiel* après avis du ministre des finances et rapport du ministre liquidateur (1). En outre, un état général est annexé à la loi des comptes.

Afin de contrôler les notifications, le décret du 5 août 1882 précise que chaque ministère doit tenir des états de débets, et en transmettre des extraits accompagnés de pièces justificatives à l'Agent judiciaire qui en prend charge (2). Toute réduction de créance sera *justifiée* par des pièces authentiques.

La Commission de vérification contrôle l'exécution de

ne peuvent être aliénés à peine de nullité et de revendication pendant 3 ans, sauf autorisation ministérielle (art. 9, 11, 13).

(1) De même pour les transactions (Décret 5 août 1882) bien que la législation de 1791 exigeât une loi.

(2) L'agent judiciaire connait également les débets d'une manière directe, ou par notification de la comptabilité publique, après décision du conseil de préfecture ou de la Cour des comptes à l'égard des comptables. La Commission de vérification de 1874 avait proposé de créer un agent responsable, présentant un compte ; car la responsabilité de l'agent judiciaire disparait derrière l'action administrative : il n'a rien reçu.

ces prescriptions, et les écritures. Elle joue même un rôle à part, relativement aux créances caduques : le ministre des finances ne peut admettre la caducité, c'est-à-dire l'irrécouvrabilité momentanée d'une créance de l'Etat, et en autoriser le transport au sommier des reprises indéfinies, qu'après avis de la section des finances au Conseil d'Etat ; et le Conseil ne se prononce sur les créances portées comme irrécouvrables dans les états de caducité qu'après affirmation, par la Commission de vérification, de la conformité de ces états avec les écritures de l'Agent judiciaire : sa comptabilité distincte et parallèle permet les comparaisons (décret 5 août 1882).

Tels sont en résumé les contrôles, les moyens de surveillance, sur les valeurs immobilières et mobilières, sur les matières permanentes de l'Etat. Le décret de 1862, article 878 est inexact lorsqu'il énonce que leur compte n'est pas soumis au contrôle de la Cour (1) : ainsi le ministre de la guerre doit présenter un compte des valeurs mobilières et permanentes, dans la même forme que pour les matières de consommation et de transformation (Règlement du 19 novembre 1871). De même le ministre de l'intérieur, à la suite d'un référé de 1883, et le ministre de la marine, outre ses états quinquennaux. Enfin, n'y aurait-il pas de contrôle spécial, la Cour serait en mesure d'exercer sa surveillance en portant ses investigations sur des documents et des comptes connexes ou corrélatifs.

(1) Cpr. 878 avec 861 et 862.

Le Domaine du département, administré par le préfet, est surveillé par le trésorier-payeur général, dont en cette matière la responsabilité se trouve plus lourde que vis-à-vis de l'État (1) ; la loi du 18 juillet 1892-24, emprunte à un règlement du 19 vendémiaire an XII et déclare que, « sous sa responsabilité, il doit avertir le préfet de l'expiration des baux, empêcher les prescriptions, *veiller à la conservation des domaines...* »

De même, le receveur municipal contrôle le maire, administrateur du domaine communal, et ses obligations sont plus lourdes que celles des comptables de l'État. A son compte de gestion doit être joint un état de l'actif de la commune, énumérant les biens mobiliers et immobiliers avec les modifications survenues et leur cause.

Si maintenant nous envisageons les matières de consommation et de transformation, nous trouverons de la part des ordonnateurs des dangers d'abus plus considérables, et malheureusement de plus grands obstacles au contrôle.

Les premiers efforts parlementaires vers la lumière, vers l'organisation d'une comptabilité de ces matières, remontent à 1818. On se proposait de compléter les comptes en deniers par un tableau des approvisionnements consommés et du reste disponible.

De même en 1820, on réclame le tableau des appro-

(1) Il n'y a pour le département ni agent judiciaire, ni administration des domaines.

visionnements existant dans les ministères : le gouvernement refuse sous prétexte du secret de la défense nationale.

La Cour des comptes revint à la charge, en 1830 et 1831, et demanda l'extension à tous les ministères des droits qu'elle exerçait déjà sur certains d'entre eux. Suivit la loi du 24 avril 1833, dont l'article 10 ordonne l'impression des comptes-matières, et leur présentation aux Chambres à l'appui des comptes généraux : vœu platonique, car les comptes une fois produits (et ils ne le furent jamais), comment les vérifier, où chercher les responsabilités ?

A la suite de nouvelles requêtes de la Cour des comptes, la loi du 6 juin 1843, article 14, intervint pour y donner satisfaction : une comptabilité uniforme devait être établie dans tous les départements ministériels ; les comptes seraient soumis au *contrôle* de la Cour, dont une ordonnance aurait à déterminer la manière d'agir. Ce fut l'ordonnance du 26 août 1844.

Avant cette législation, qui répondait en partie aux demandes de la Cour, certains comptes lui étaient soumis déjà : ils se référaient aux matières des Contributions indirectes, des Postes, de l'Enregistrement, de l'Imprimerie nationale, des Monnaies et des Médailles. Les entreposeurs et les garde-magasin des tabacs étaient l'objet de comptes spéciaux, d'un état récapitulatif. La Cour opérait un rapprochement entre les comptes de l'Imprimerie nationale et de la Monnaie, d'une part, et les comptes imprimés publiés par les ministres de la justice et des finances. — Mais ces comptes, auxquels on a joint dans la suite ceux qui ont trait à l'Enseignement (1), avaient et ont conservé cette particularité d'être *jugés* par la Cour, de donner lieu à des arrêts exécutoires. C'est ainsi qu'en vertu du Règlement du 28 novembre 1855, articles 144 et 145 (décret de 1862-736) un fonctionnaire, ayant titre d'agent comptable, est chargé sous sa responsabilité du matériel et des deniers de l'Imprimerie nationale. Il est justiciable de la Cour des comptes.

De même le Caissier agent comptable des Monnaies et Médailles rend un compte annuel à la Cour (Loi du 30 juillet qui substitue la régie à l'entreprise, et Décret du 20 novembre 1879).

Le caissier du *Journal officiel* présente une situation mixte remarquable ; nommé par le ministre de l'intérieur, commissionné par le ministre des finances, il reste sous l'autorité du premier de ces ordonnateurs, et relève du second pour le mode de tenue des écritures et les justifications à l'appui. Il est soumis au contrôle de la direction générale de la comptabilité publique et de l'Inspection des finances ; il est justiciable de la Cour, en sa qualité d'agent comptable du matériel, et doit lui produire un compte-matières par gestion annuelle (Dé-

(1) *Lycées* (Règlement, 16 décembre 1841, art. 212), *Ecoles normales* (Décret, 26 décembre 1855, art. 50 et Décrets, 20 juillet 1882, 16 avril 1883), *Ecoles, Ecoles d'arts et métiers, Ecole centrale*...

cret du 30 décembre 1880 organique de la loi du 28 décembre 1880).

Au contraire, les autres comptes-matières sont *contrôlés* simplement par la Cour (Décret, 375-3° et 861); on en a donné des raisons d'ordres divers; en réalité, le véritable motif est toujours cette répugnance des ordonnateurs à laisser exercer un contrôle sur leur administration.

Comme organisation, il est tenu dans chaque ministère une comptabilité centrale des matières, qui servira d'élément aux comptes généraux annuels; elle résume après contrôle les faits relatés dans les documents envoyés par les comptables-matières. Chaque ministre fait vérifier lui-même les comptes individuels des comptables de son département, et les transmet à la Cour avec les pièces justificatives. Il envoie également un résumé général par branches de services et un résumé des matières existantes. La Cour examine les comptes individuels, puis statue par voie de déclaration; après avoir pris connaissance de ces déclarations et entendu les réponses des comptables, le ministre arrête en personne les comptes. Un résumé de ces comptes arrêtés est alors transmis à la Cour avec mention de la suite donnée aux observations formulées par elle, indication des prises en considération et des modifications qui en résulteront dans la gestion suivante.

La Cour, chaque année, prononcera la conformité des comptes généraux des ordonnateurs avec les comptes individuels des comptables-matières, et insérera dans son rapport au chef de l'Etat les remarques suggérées par l'exercice de ses droits.

Ces dispositions, extraites de l'ordonnance du 26 août 1844 (1), reposent sur l'existence de comptables et de comptabilités des matières.

L'ordonnance de 1844 songeait à l'assimilation de la comptabilité-matières avec celle en deniers ; elle n'entrevoyait guère, semble-t-il, les difficultés d'application, principalement quant aux modes de groupement, au choix des unités-types, et s'en rapportait aux règlements que devaient élaborer les diverses administrations. Ces visées d'assimilation se multiplient dans les dispositions relatives à l'organisation même du service.

L'ordonnance pose un principe général : dans tout dépôt de matières une comptabilité sera tenue par un agent responsable. Ce fonctionnaire est soumis aux mêmes règles que les comptables en deniers (2) ; il tient des livres analogues, clos par année, au 31 décembre : un grand-livre où les opérations sont réparties par nature d'unités ; un journal chronologique ; des livres élémentaires. Il envoie périodiquement des pièces et

(1) Décret 1862-871 et suiv.

(2) Il est soumis à l'hypothèque légale, à l'obligation de verser un cautionnement fixé par arrêté ministériel (sauf pour les agents inférieurs de la guerre et de la marine). L'article 865 du décret 1862 semble par prétérition ne pas établir l'incompatibilité des fonctions d'ordonnateurs et de comptables-matières ; aussi n'y a-t-il pas toujours un comptable spécial : dans les ministères de l'agriculture et du commerce, des administrateurs, des régisseurs rendent des comptes-matières.

des relevés à l'administration centrale, et dans les trois premiers mois de l'année un compte général de sa gestion pour l'année précédente : les entrées et sorties y sont reprises par ordre de date, mais réparties entre les divers comptes par nature d'unités.

Enfin, il est responsable ; responsabilité limitée cependant, qui le rapproche plutôt d'un caissier que d'un comptable, car les questions d'imputation, de disponibilité de crédits, lui échappent : sa compétence se restreint à prendre charge des matières, à justifier de leurs fluctuations par des pièces authentiques, et à répondre des emplois et transformations (1).

Nous disons que ce comptable n'a pas à se préoccuper des questions de crédits : en réalité, à la suite de la loi de 1898 qui a organisé un budget-matières de la marine, il pourra en être autrement si le décret organique indique sur ce point le rôle et la responsabilité du comptable.

L'ordonnateur peut-il requérir, par analogie avec ce qui se passe pour les valeurs en numéraire ? En général, il n'aura pas lieu de le faire, le comptable ne répondant des matières qu'au point de vue de leur conservation et entretien. Néanmoins, il doit refuser toute délivrance en l'absence d'un ordre régulièrement émis : la Cour appréciera dans la suite ces pièces de libéra-

(1) Ce dernier point lui échappe en cas de gérance collective, comme dans les corps de troupe. Des officiers désignés répondent des transformations, mais le comptable demeure responsable de la garde du matériel.

tion, ainsi que les justifications de prises en charge (Décret 1862-868).

L'instruction du 8 novembre 1889, article 24, relative au ministère de la marine, rappelle, par référence au décret de 1857, article 11, sur la comptabilité-matières de ce département, que le garde-magasin ne doit recevoir ni délivrer aucune substance sans un ordre écrit et des formalités déterminées ; il pourrait en conséquence opposer un refus motivé par écrit à la demande de l'ordonnateur, si elle lui paraissait de nature à engager sa responsabilité ou s'il y avait une pièce irrégulière. L'ordonnateur aurait alors l'occasion et le droit de requérir la délivrance (1). Mais en présence d'un ordre écrit et motivé « pour urgence », le comptable perdrait son droit d'en suspendre l'exécution. Aucun texte analogue n'existe pour le département de la guerre. Restent les principes généraux énoncés plus haut.

L'assimilation entre les deux comptabilités, si désirable, mais si difficile vu le nombre considérable d'objets à grouper, avait donc été laissée par l'ordonnance de 1844, quant au mode de fonctionnement, aux soins des ministères.

Divers règlements furent élaborés, fort peu respectés par certaines administrations (en 1891, le ministère de

(1) « Si le chef du service requiert qu'il soit passé outre à la délivrance ou à l'exécution de l'ordre donné, le comptable y procède sans délai, et il annexe à la pièce justificative avec une copie de ses observations, l'acte de réquisition qu'il a reçu » (Décret, 30 novembre 1857, article 11-2°).

l'agriculture n'avait pas envoyé de comptes-matières depuis dix ans !). L'embarras réside dans le choix du mode de groupement, dans la manière d'établir des catégories. Il est bien évident qu'il ne suffit pas de recenser les matières : on tomberait dans des énumérations fastidieuses, exclusives de tout contrôle. Si l'on réunit les mêmes modèles, on opère par unités détaillées. Dans les grands services, il faut encore simplifier les résultats : on coordonne plusieurs unités détaillées de même genre pour calculer par unités collectives. Par malheur, les opérations n'ont plus de signification réelle (1). Revenant alors à l'unité monétaire, on a songé à compléter cette classification en mettant en regard la valeur en deniers.

Ce système lui-même n'échappe pas aux critiques : outre la longueur des calculs, l'ordonnateur pourra profiter de l'immuabilité des tarifs pour augmenter ses crédits (2) ; des détournements seront à craindre.

Les ministères du commerce et de l'agriculture ont adopté le double système de l'unité détaillée et collective. L'Intérieur, celui de l'unité simple. De même la Guerre. La Marine tient sa comptabilité en valeur, par unités collectives (3).

(1) Sous un même chiffre viennent se ranger des synonymes de valeur très différente.

(2) Soit en vendant les objets dont le prix réel a augmenté, soit en achetant ceux dont la valeur a baissé.

(3) Les écritures élémentaires du ministère de la marine sont tenues par unités simples.

Ces deux derniers départements, en raison de l'étendue de leurs approvisionnements, du nombre des objets en service, ont donné lieu à des dispositions spéciales et successives qui méritent de retenir notre attention.

En ce qui concerne le ministère de la guerre, le règlement du 19 novembre 1871 (1), tout en cherchant à renforcer la corrélation rêvée entre les comptabilités deniers et matières, a multiplié les garanties de contrôle au moyen d'inventaires répétés, et d'une façon générale, simplifié les règles du service et les écritures. En outre, les valeurs mobilières et permanentes furent soumises au contrôle de la Cour des comptes.

Le règlement établissait le système de l'unité simple, et fixait les règles destinées à assurer la réalité des opérations énoncées : chaque entrée à charge de paiement devait se trouver appuyée du talon de la facture d'achat (art. 34) ou des extraits sommaires des marchés, et indiquer les numéros de l'ordonnance ou mandat, ainsi que le prix versé : à côté des unités entrées figurait donc leur valeur en argent.

Mais la concordance des comptes deniers et matières pouvait être rompue aux cas où l'entrée se trouve payable sur un autre exercice que l'exercice en cours, c'est-à-dire dans les hypothèses d'opérations faites par anticipation, ou terminées dans les délais complémentaires. Le règlement y avait pourvu au moyen d'un véritable

(1) Le premier règlement date du 25 janvier 1845.

compte de trésorerie : au premier cas, par exemple, l'objet indiqué sur le compte de réception comme entré sans charge de paiement devait figurer sur le compte d'imputation, l'année suivante, comme entré à charge de paiement et sorti sans dépense en deniers, afin d'annuler l'entrée originale.

Cet effort en vue de la corrélation presque absolue n'a pas persisté, à cause des difficultés d'exécution ; la loi du 20 juillet 1886 y a renoncé provisoirement.

A l'égard des approvisionnements, le règlement reconnaissait l'impossibilité de les vérifier comme des valeurs de caisse ; il ordonnait des inventaires à époque indéterminée, de manière à embrasser, dans une période donnée, l'ensemble d'un service.

Ces dispositions permettaient donc de suivre l'emploi des crédits ; il restait fort difficile d'en apprécier exactement l'état, à cause de la confusion du matériel du service courant avec les approvisionnements de réserve. Les ordonnateurs opéraient des emprunts sur l'un de ces services au détriment de l'autre ; les réserves étaient désorganisées, leur ensemble mal connu. Afin d'en fixer le montant et d'en assurer la conservation, afin, par suite, de connaître exactement le total des crédits affectés et leur emploi réel, la loi du 23 août 1876-4 ordonna la tenue d'une comptabilité distincte. Un décret du 16 décembre de la même année a organisé cette comptabilité particulière du matériel de réserve.

Elle comprend les objets réunis en vue de la mobilisation ou de la guerre, ce qui exclut, sous cette distinction, les matières en service ou destinées à être consommées (1). Deux comptes sont obligatoirement tenus, et les objets sont emmagasinés séparément. Le budget *ordinaire* supporte les prélèvements sur le service réserve et les frais d'entretien des deux services.

La loi de 1876 renforçait ainsi le contrôle de l'emploi des crédits. Elle donnait satisfaction aux demandes des intendants chargés du contrôle local, de la Commission de l'Assemblée nationale qui avait reçu mandat de faire une enquête sur le matériel de la guerre, et de la Cour des comptes elle-même. Cependant, son abrogation fut votée en 1885 par la Chambre, mais repoussée par le Sénat (2).

La loi de finances de 1886 persista dans cette voie, et tout en maintenant le décret de 1876, abandonna, nous l'avons dit, la corrélation absolue des comptabilités matières et deniers. A cette époque, on se préoccupe moins de suivre l'emploi des crédits que d'en connaître exactement le montant à consentir. Le ministre devra déterminer, pour l'ensemble de chaque service, la nature et la quantité de matériel à entretenir (réserve et service courant). Il indiquera, dans son compte général, le total des existants, la valeur du ma-

(1) C'est-à-dire les objets du service courant, qui ne font pas partie d'unités collectives organisées en vue de la guerre ou de la mobilisation.

(2) Séances de la Chambre, 20 et 29 décembre 1884, 13 et 27 janvier 1885 ; Sénat, 28 et 3 mars 1885.

tériel en service, le montant des dépenses d'achat. Les nomenclatures énonceront les valeurs de l'unité simple.

Un décret du 9 septembre 1888 se réfère encore au contrôle de la gestion des ordonnateurs sur les approvisionnements. Le décret de 1876 avait enjoint la restitution des emprunts à la réserve à l'aide des ressources du budget ordinaire. Le décret de 1888 décide qu'ils motiveront un ordonnancement d'égale valeur au profit du Trésor, s'ils sont effectués à titre définitif. Inversement, s'il y a lieu, non pas de réduire, mais d'augmenter les réserves, les dépenses nécessiteront des crédits nouveaux. — Enfin la Cour des comptes devra recevoir un relevé, par corps et par services, du matériel de fin d'année entre les mains des troupes.

Telle est l'évolution suivie par le ministère de la guerre (1). Les tentatives pour établir une concordance absolue entre les comptabilités en deniers et en matières ont été abandonnées; elle permettait cependant de suivre les transformations de la richesse publique depuis sa sortie des caisses du Trésor jusqu'à sa rentrée dans les magagins et arsenaux sous forme d'approvisionnements; elle

(1) Un décret du 23 décembre 1888, par application de l'article 43 du décret 1862 (les ministres ne peuvent accroître indirectement leurs crédits), réglemente les marchés de conversion et transformation. Les objets hors d'usage seront vendus sauf remploi *justifié* dans le même service. Les marchés sans soulte à payer, où le ministre fournirait les vieilles matières et recevrait sans débours le matériel neuf, sont interdits.

assurait par conséquent un contrôle étroit de l'emploi des crédits par les ordonnateurs. Mais on a cherché ailleurs ce contrôle pour les approvisionnements : on a séparé et délimité le service de réserve; impossible, désormais, d'y puiser à son gré, d'enfreindre les limites des crédits votés, d'opérer des virements préjudiciables aux disponibilités de fin d'année. Les inventaires ont fixé le montant des approvisionnements, et le ministre a dû lui-même déterminer le matériel à entretenir par chaque service d'exécution (1).

La comptabilité-matières du ministère de la marine a suivi une marche sensiblement analogue.

Organisée par le décret du 30 novembre 1857, elle a été renouvelée par la loi du 26 février 1887, articles 32 et suivants, et par la loi de finances de 1898.

Le décret de 1857 énonçait des principes très conformes à ceux de la comptabilité en deniers. En particulier, nous avons indiqué déjà qu'il mentionnait le droit pour le comptable de suspendre l'exécution des ordres de l'administrateur, sauf réquisition (art. 11 reproduit par l'Instruction de 1889, art. 14).

(1) Le ministre doit présenter aux Chambres, avant le 1er octobre, un état indiquant les fixations de la réserve de guerre pour l'ensemble de chaque service au 1er mai de l'année courante, et les modifications apportées à ces fixations depuis le 1er mai précédent ; l'emploi des approvisionnements supprimés ou les crédits au moyen desquels ils auraient été augmentés ; le relevé des avaries et des manquants constatés dans les recensements des réserves depuis le 1er octobre précédent (Lois, 26 juin 1888-10 et 26 janvier 1892-61).

La loi de 1887 et les dispositions (1) qui l'ont suivie ont eu pour but, outre la constitution d'un budget-matières, la surveillance des approvisionnements : c'était la préoccupation dominante de cette période.

Désormais, la loi de finances fixerait par chapitres du budget les limites maxima et minima dans lesquelles le ministre pourrait former ses approvisionnements : ceux-ci doivent être au complet pour chaque unité flottante et de combat (D. 23 novembre).

Les conditions de formation de ces réserves étaient également spécifiées par la loi de 1887 (2). Et pour renseigner le Parlement sur la valeur des existants, sur le rapport des crédits avec les réserves, le décret réorganisait la comptabilité des magasins en instituant un véritable budget-matières.

Sans approfondir des questions de comptabilité pure, disons que chaque établissement devait comporter un garde-magasin ; un garde général résumait les écritures, rendait compte de ses opérations et par conséquent de celles des ordonnateurs.

La comptabilité était tenue par quantité, unités sim-

(1) Notamment les décrets des 5 mars 1887, 23 novembre 1887, et surtout l'instruction du 8 novembre 1889 dite « le Code de la comptabilité-marine ».

(2) Il ne devait plus être fait d'approvisionnement pour les ports et arsenaux, sauf pour le service courant ; ni en vue des constructions et réparations, sauf les bois dont l'approvisionnement est fixé par le ministre pour un délai de 5 ans : c'était dans le but d'empêcher l'accumulation des non-valeurs, résultant des progrès scientifiques, et destructive de tout contrôle suivi.

ples, l'agent supérieur centralisant ensuite par unités collectives et en valeur, selon un tarif officiel. Il produisait à la Cour les pièces justificatives, avec référence aux numéros des unités, et indication à la fois des prix officiels et réels.

Les matières ayant été, pour chaque exercice, réparties dans le budget-matières entre les chapitres correspondant aux crédits votés, le comptable avait à établir un relevé, à la fin de chaque trimestre, d'après son journal. Ces relevés trimestriels, destinés à faire ressortir par chapitre du budget la situation en valeur du matériel existant, étaient transmis à la Cour ; de même, un inventaire des existants en fin d'année, dressé par unités collectives, avec indication des valeurs d'après les prix officiels (D. 16 mai 1893) ; ces documents pouvaient être rapprochés des comptes de gestion sommaires, indiquant les chapitres, groupes et valeurs par unités collectives, et soumis à la Cour.

Le décret du 23 novembre 1887 demandait encore, pour assurer la corrélation, un état de concordance entre les comptes des matières et les comptes de dépenses. De fait, cet état ne concordait pas et n'était pas fourni. D'ailleurs, le décret du 8 juillet 1893 (1) a renoncé à la corrélation. Il supprime aussi la comptabilité centrale en partie double établie en 1879 par le décret du 15 octobre, vu les difficultés pratiques, les la-

(1) *Journal officiel*, 12 juillet 1893.

cunes et, par suite, le peu d'utilité. Enfin, il prescrit des inventaires seuls pour le domaine immobilier. (*V. p. 77.*)

Le ministère de la marine, au point de vue de son évolution et des éléments de contrôle qu'il fournit sur les opérations des ordonnateurs, se rapproche donc sur bien des points du ministère de la guerre. Il restait encore des modifications importantes à réaliser : à la suite de conférences entre le ministre et la commission du budget (octobre 1897), certaines innovations ont passé dans la loi de finances de 1898 (art. 66 et suiv.) (1).

A l'avenir, la valeur des approvisionnements sera établie d'après les prix réels. — Poursuivant les mêmes idées

(1) Loi du 13 avril 1898.

Art. 66 : « Aussitôt après la promulgation de la présente loi, il sera procédé à un inventaire et à une appréciation de tout le matériel existant dans les magasins des ports et établissements de la marine..... Le travail sera révisé par une commission supérieure nommée par décret, comprenant un président et 2 membres désignés par le ministre de la marine, et 2 membres par le ministre des finances. »

Art. 67 : « Cette Commission proposera les modifications qui lui paraîtront nécessaires dans la fixation de l'approvisionnement normal. »

Art. 68 : « Le ministre de la marine présentera au Président de la République, avant le 15 novembre, un rapport détaillé comprenant les résultats par groupe comptable de l'inventaire au 1er octobre 1898 établi au prix réel... Ce rapport sera communiqué aux Chambres. »

Art. 69 : « Tous les 4 ans, il sera procédé à une révision des approvisionnements figurant au dernier inventaire annuel... Les résultats seront soumis au Président de la République et communiqués aux Chambres le 1er juin au plus tard. »

Art. 71 : « A partir du 1er octobre 1898, la comptabilité du matériel de la marine sera suivie au prix réel. La valeur du matériel en magasin sera divisée par services d'exécution.

La valeur du matériel à délivrer aux services d'exécution pour emploi en 1898 (crédits-matières) est fixée par chapitres conformément à l'état annexé à la présente loi. »

qui ont reçu déjà leur application au ministère de la guerre, la Commission a voulu connaître exactement l'état des réserves, et délimiter les opérations afférentes : la loi décide qu'un inventaire du matériel en magasin sera dressé suivant les prix *réels*, revisé tous les 4 ans, et communiqué aux pouvoirs publics. C'est une innovation importante, préparée par des réglementations antérieures ; les tarifs diffèrent toujours des prix effectifs, variables avec le cours et la dépréciation intrinsèque. Aucun contrôle ne peut se baser sur une comptabilité en valeur hypothétique.

La loi annuelle de finances se charge de fixer elle-même, par chapitres, le montant du matériel à délivrer pour emploi à chaque service d'exécution. C'est l'organisation des crédits-matières et les principes des crédits-deniers s'y appliquent (1).

Les virements entre services sont interdits : il existe

(1) Loi 13 avril 1898, art. 72 : « Aucun virement n'est admis entre les crédits-matières d'un chapitre à un autre. — En cas d'insuffisance du crédit-matières d'un chapitre, provenant d'une circonstance imprévue, un crédit supplémentaire peut être accordé dans les formes ordinaires. — Sont seules considérées comme appartenant à un exercice les délivrances de matières effectuées du 1er janvier au 31 décembre de l'année qui lui donne son nom. — Les portions de crédits-matières non utilisées au 31 décembre sont annulées, sans report à l'année suivante. » — En vertu de la loi de 1898, le ministre présente donc, outre l'état par chapitres de la valeur du matériel à délivrer aux services d'exécution, un état en valeurs faisant ressortir pour chaque service d'exécution, l'approvisionnement disponible pour le service courant, l'approvisionnement normal, la valeur des excédents et des manquants. — De plus, divers états relatifs aux approvisionnements (Voir états N. O. P).

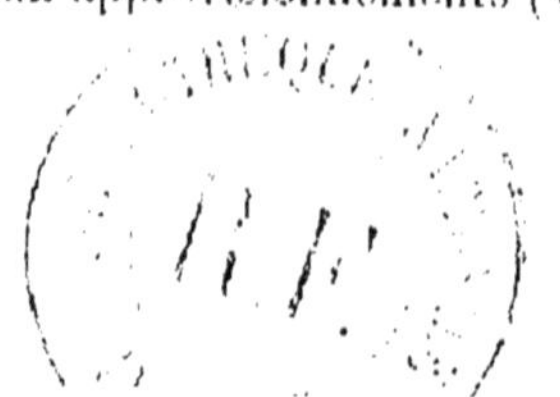

une spécialité par chapitre (1) et par exercice. Au 31 décembre, les portions non employées sont annulées sans report. S'il y a des besoins supplémentaires, il faut solliciter l'autorisation législative, ou bien un décret en Conseil d'Etat dans les formes ordinaires.

Ainsi la loi a déterminé strictement des crédits budgétaires, des crédits-matières (2), et fixé des maxima et minima de réserves.

Une question assez importante, la constitution d'un fonds de roulement (3), est restée en suspens. Il s'agissait d'enlever la propriété des stocks à l'ordonnateur principal, pour ne lui en laisser que la garde : le ministre aurait pu y puiser, à condition d'en *rembourser* aussitôt la valeur sur les crédits budgétaires ; les produits de ces remboursements formaient le fonds de roulement à l'aide duquel on renouvellerait sans cesse les stocks.

On aurait, par ce moyen, un contrôle exact des consommations d'un exercice ; l'ordonnateur, obligé de respecter la spécialité des exercices, n'aurait pas intérêt à épuiser les crédits budgétaires pour constituer

(1) Auparavant, chaque trimestre, le ministre déléguait aux directeurs des services les crédits-matières ; à leur tour ceux-ci émettaient sur le magasin général des ordonnances en matières indiquant la valeur des objets à délivrer à leur service, et les références à chaque chapitre du budget-matières (décret 1887). Actuellement la loi de finances intervenant par chapitres restreint les pouvoirs des ordonnateurs.

(2) Le président de la Commission admettait le ministre à cumuler les crédits budgétaires et matières.

(3) Un fonds de roulement analogue existe pour les chemins de fer de l'Etat. L. 21 août 1882 et arrêté, 26 décembre 1891.

des approvisionnements plus ou moins urgents ; inversement, il ne se créerait pas de ressources extra-budgétaires par prélèvement sur les approvisionnements, puisqu'il serait tenu d'en rembourser la valeur jusqu'à concurrence des crédits accordés par la loi du budget. En cas d'urgence, une demande devrait être faite aux Chambres pour obtenir le droit d'exercer une véritable réquisition afin de se faire délivrer les matières nécessaires.

Tels sont les différents procédés institués pour organiser le contrôle des matières mises à la disposition des ordonnateurs, et pour les empêcher de dilapider cette partie de la fortune publique, ou d'augmenter indirectement leurs crédits. Ces procédés, ces mesures, fourniront des éléments soit à la confection des comptes des ministres, soit au contrôle de la Commission de vérification, de la Cour des comptes et du Parlement.

En résumé, si l'on met à part les valeurs permanentes et en service, qui ne donnent pas lieu à un compte proprement dit, les matières sont l'objet, soit de comptes jugés par arrêt, soit de comptes contrôlés par la Cour et insérés dans les documents généraux des ministères.

Les premiers existaient en majeure partie avant l'ordonnance de 1844. Lors de la discussion de la loi de 1843, la Cour avait demandé à étendre son droit de jugement sur tous les comptes qui lui seraient présentés ; les administrations protestèrent, bien entendu, prétextant que les comptables exigeraient des justifications, causeraient des retards, détruiraient les principes de discipline..... De son côté la Cour se dissimulait en partie les difficultés pratiques. — Néanmoins, il conviendrait d'instituer une classe d'agents distincts, non soumis à l'autorité des ordonnateurs qu'il s'agit de contrôler, mais titulaires, au contraire, de pouvoirs effectifs à l'encontre des services administratifs ; tout au moins, des fonctionnaires responsables et présentant des comptes examinés et jugés par la Cour. Il serait, en effet, à souhaiter que l'organe détenteur du contrôle supérieur eût aussi pour mission d'arrêter définitivement le compte et de juger le comptable. Par répercussion, le contrôle sur l'ordonnateur serait mieux établi et se ferait certes mieux sentir.

DEUXIÈME PARTIE

CONTROLE SUPÉRIEUR

Tous ces moyens de comptabilité, ces écritures, ces envois de documents, tendent à l'établissement de comptes réguliers et permettront le contrôle des ordonnateurs de la part de la Commisssion de vérification, de la Cour des comptes et du Pouvoir législatif. Il faut que les ordonnateurs soient appelés à s'expliquer sur leur administration ; il est nécessaire de constater l'exactitude matérielle de leurs livres et de leurs comptes, soit par investigations directes, soit par comparaison avec les documents fournis par les comptables : de cette juxtaposition sortira un contrôle approfondi des uns et des autres. Il appartiendra enfin au Parlement de statuer en dernier ressort sur l'exécution du Budget qui est son œuvre.

PREMIÈRE SECTION

CHAPITRE PREMIER

COMPTES DES ORDONNATEURS.

Tous les ordonnateurs doivent rendre un compte, tel est le principe général ; et rendre un compte à l'autorité qui a voté les crédits dont ils disposent, afin de faire ressortir qu'ils ont accompli leur mandat, dans les limites prescrites.

Les ordonnateurs secondaires, surveillés par les ordonnateurs principaux, voient leurs comptes se fondre dans les comptes ministériels. Mais certains d'entre eux jouent un double rôle : représentants de l'État, ils sont aussi les fondés de pouvoirs de collectivités intérieures, de circonscriptions administratives ; ils sont astreints à répondre devant les assemblées locales de la façon dont ils ont suivi et respecté leurs décisions, et dont ils ont géré les intérêts qu'elles leur avaient confiés.

En cette dernière qualité, le préfet établit un compte (1) dans la forme du budget départemental et le communique à la Commission départementale avec pièces à l'appui, dix jours au moins avant la session d'août : l'un remplit l'office de ministre des finances l'autre, de Commission parlementaire du budget. Après discussion par le Conseil général, le compte est transmis au ministre de l'intérieur, arrêté par décret, imprimé et publié (Loi, 10 mai 1838-25. D. 1862-482 ; Loi, 10 août 1871.66).

Pour le maire (2), son compte annuel, présentant distinctement et dans l'ordre des chapitres et articles du budget, les opérations afférentes aux recettes et dépenses de l'exercice clos, est vérifié par le Parlement municipal, qui délibère ; il est transmis ensuite au préfet pour approbation définitive, sauf si le revenu de la commune excédait trois millions de francs : un décret serait

(1) Ce compte est établi à l'aide des écritures départementales. Le Préfet, au vu des budgets d'un même exercice, passe écritures des mandats délivrés ; il tient plusieurs registres : un livre d'enregistrement des droits des créanciers, constatés par chapitres et articles du budget ; un livre journal des mandats délivrés, un livre des comptes par nature de dépenses ; un carnet des dépenses engagées, destiné à établir la comparaison entre les engagements et les crédits correspondants, et indiquant par articles le montant alloué par le budget primitif, le détail des modifications, les dépenses faites ; un Livre des fonds départementaux, pour en suivre la disponibilité ; des Livres spéciaux à la vicinalité (Décret 12 juillet 1893, art. 182 et suiv.).

(2) Les maires tiennent, sur des registres, écritures des ordonnancements.

Dans les grandes communes, ils doivent avoir un journal, un grand livre, et des registres auxiliaires dans la forme déterminée par le préfet (Instruction min. Intérieur, sept. 1824. Décret 1862-509).

alors nécessaire. Copie conforme du compte arrêté est envoyée au Conseil de préfecture ou à la Cour des comptes, à titre d'élément de contrôle. Un exemplaire reste déposé à la mairie, dans les communes dont le revenu est inférieur à 100.000 francs. Dans les autres, il y a lieu à publication par voie d'impression (Loi, 5 avril 1884-145 et suiv.).

Les comptes des ministres ne sont pas autrement établis et publiés, sauf une division d'attributions. Le ministre des finances présente seul le compte des recettes, des droits constatés et perçus durant l'exercice (Loi, 25 mars 1817-149). Tous les ministres présentent leurs comptes de dépenses, qui développent l'ensemble des opérations effectuées par chaque service depuis l'ouverture jusqu'à la clôture de l'exercice. Ils doivent être constitués d'une manière uniforme, suivant les mêmes divisions que le budget initial, voté par chapitres (Loi, 19 juillet 1820-7). L'obligation de se conformer à la notion de l'exercice et aux catégories budgétaires constitue par elle-même un moyen de vérification.

Enfin ils sont imprimés et déposés à chaque session sur le bureau des Chambres, joints au projet de loi de règlement définitif (Loi, 15 mai 1818-102).

C'est la loi du 28 avril 1816-122 qui, pour la première fois, a prescrit aux ministres d'imprimer leurs comptes de dépenses. La loi du 25 mars 1817 renouvelle cette injonction, en précisant la présentation annuelle au pouvoir législatif et les renseignements à produire. Article 150 : « Les ministres ordonnateurs de tous les départements présenteront le compte des dépenses qu'ils auront arrêtées pendant le cours de leur administration, et en établiront la comparaison avec les ordonnances qu'ils auront délivrées dans le même espace de temps et avec les crédits particuliers ouverts à chacun des chapitres de leurs budgets. » Ce programme est réédité dans l'ordonnance du 10 décembre 1823-4 : les comptes des ministres... développent les opérations sommairement exposées dans le compte général de l'administration des finances. Ils se composent : 1° d'un tableau général présentant par chapitre tous les résultats de la situation définitive de l'exercice expiré qui servent de base à la loi proposée pour le règlement définitif dudit exercice ; 2° de développements destinés à expliquer avec tous les détails propres à chaque nature de service, les dépenses constatées, les paiements effectués, les créances restant à solder à l'époque de la clôture de l'exercice ; 3° d'un état comparatif, par chapitre, des dépenses de l'exercice expiré avec celles du budget de l'exercice précédent, expliquant les causes des différences qui ressortent de cette comparaison.

La loi du 23 mai 1834-10 ajoute : 4° un tableau spécial présentant pour chacun des exercices clos et par chapitre de dépenses, les crédits annulés par les lois de règlement pour les dépenses restant à payer, les crédits complémentaires, les paiements faits jusqu'au terme de déchéance.

Enfin sont annexés des documents et tableaux indiqués par divers textes.

En vertu de ces dispositions nous trouvons, en ouvrant le compte définitif de tel ministère pour les dépenses d'un exercice donné, les renseignements suivants :

Comme *préliminaire*, deux états [A pour le budget ordinaire de la France et B semblable relatif à l'Algérie] rappelant d'une manière sommaire, pour les dépenses, les crédits ouverts par la loi de finances et les allocations supplémentaires, les annulations, les dépenses faites, le résultat comparatif.

Puis, un *tableau général* indiquant par colonnes et pour *chacun des chapitres* du budget, le montant des crédits votés par la loi de finances ; les modifications résultant de lois spéciales, crédits supplémentaires ou crédits spéciaux pour l'acquittement de dépenses périmées ; les opérations des fonds de concours dont un tableau spécial donne le détail par décrets et chapitres ; les crédits pour dépenses d'exercices clos payées durant l'année ; enfin dans une dernière colonne, le chiffre des crédits servant de base au règlement définitif de l'exercice expiré.

En second lieu, le *compte définitif* des dépenses de l'exercice, donnant pour chacun des chapitres du budget le chiffre total des crédits, le chiffre des dépenses résultant des services faits et droits constatés au profit des créanciers de l'Etat ; les paiements effectués, les restes à payer, les excédents de crédits, les annulations, enfin le montant des crédits définitifs égaux aux dépenses et dont l'ordonnateur demande le règlement.

Troisièmement, des *états de développement*, présentant par chapitre du budget le *détail* des dépenses constatées, des paiements faits, des restes à payer à la clôture de l'exercice. — Dans certains ministères, les mêmes données sont réparties par département en des tableaux spéciaux.

En quatrième lieu, le *tableau comparatif* de l'exercice précédent avec l'exercice expiré, indiquant par chapitre du budget les dépenses constatées sur chacun de ces exercices, et les augmentations ou diminutions, motivées, pour le dernier d'entre eux.

Enfin, le *développement* du compte d'apurement des dépenses des exercices clos au 31 décembre de l'année qui donne son nom à l'exercice, avec le montant, séparément pour chacun des 5 exercices et par chapitres, des dépenses restant à payer à leur clôture respective, des nouvelles créances admises en vertu de crédits additionnels aux restes à payer, des créances non acquittées à la fin du dernier exercice dont on demande le règlement, des paiements faits sur les quatre derniers exercices (1) au chapitre des exercices clos, des créances éteintes pour cause de déchéance.

(1) A la suite du premier des 5, qui se trouve périmé au 31 décembre.

Suivent des *annexes* variables sur lesquelles nous aurons occasion de revenir.

Le ministre des finances présente un autre compte qui lui est propre : c'est le Compte général de l'administration des finances, compte de gestion comprenant toutes les opérations des comptables du 1er janvier au 31 décembre relatives au recouvrement et à l'emploi des deniers de l'État, et la situation de tous les services de recettes et dépenses au début et à la fin de l'année. D'un intérêt médiocre par rapport à la loi de Règlement, en ce sens que les Chambres ne se prononcent pas sur cette statistique, il est fort utile au point de vue des comparaisons préalables qu'il permet à divers degrés.

Si nous écartons tous les documents exclusifs aux comptables, ce Compte général contient dans ses développements : 1° un compte des dépenses publiques qui récapitule les résultats exposés dans les comptes de chaque ministre, et présente par année, par exercice, par ministère et par chapitres les droits constatés au profit des créanciers de l'État, résultant des services faits pendant l'année ; les paiements faits et restant à acquitter ;

2° Un compte des budgets contenant, outre l'indication des résultats définitifs des exercices antérieurs, la situation finale de l'exercice expiré et provisoire de l'exercice courant ; de plus, une comparaison avec les crédits budgétaires, des droits constatés au profit des créanciers de l'État et des paiements faits sur les ordonnances ministérielles ;

3° L'état des dépenses sur exercices clos prescrit par la loi du 23 mai 1834, article 10.

4° Des tableaux répartissant les opérations annuelles par branches de comptables principaux (Ord., 9 juillet 1826).

Ces tableaux facilitent les rapprochements des comptes des ministres avec les résultats des arrêts individuels prononcés par la Cour des comptes ; comparaison déjà favorisée par la répartition, par exercice, des opérations de gestion, c'est-à-dire d'année : on reconstituera les résultats généraux d'un exercice en additionnant les deux parties première et complémentaire contenues et subdivisées dans les deux gestions successives. — Ce travail est opéré par le Compte général lui-même, pour le dernier exercice expiré, au Compte des budgets.

Si bien qu'on a pu dire que le Compte général « certifiait les opérations des ordonnateurs en les appuyant sur celles des comptables ». Il permet en tout cas d'en déduire la concordance et, si tous les modes de contrôle ont bien fonctionné, l'exactitude.

La Commission de vérification, la Cour des comptes, vont opérer à nouveau ces comparaisons ; elles constateront, en outre, l'accord de tous les éléments qu'elles auront l'une ou l'autre à leur disposition, afin de certifier l'authenticité des documents fournis au Pouvoir législatif.

De la composition des comptes ministériels, de leur constitution même ressortent certaines particularités qui contrastent avec les caractères des comptes des comptables. Les ministres ne rendent pas de compte personnel : ils rendent des comptes pour leurs administrations ; ils n'ont pas à justifier du maniement de deniers, mais de l'emploi des crédits, de dépenses engagées peut-être par leurs prédécesseurs, ou à liquider par les ordonnateurs qui leur succéderont. Leur personnalité n'apparaît pas, ils conservent l'anonymat. Par suite, ils ne se verront soumis à aucune décision judiciaire proprement dite, ils ne seront pas en butte à une condamnation pécuniaire. Leur compte moral sera examiné par la Cour, puis approuvé ou non par le Parlement (1).

Rendant un compte d'emploi de crédits, il se peut aussi que ces crédits soient engagés dès avant l'année qui doit en profiter, que des travaux soient terminés, des dépenses liquidées et payées seulement après le 31 décembre. Pour avoir une vue exacte des opérations relatives à une même année, pour gérer et liquider toutes les affaires qui la concernent, on a besoin d'un laps de temps supplémentaire. On a donc, en France, ima-

(1) Pour les mêmes raisons, l'ordonnateur n'est pas soumis à privilège ou hypothèque légale au profit du Trésor, ni en principe à un cautionnement. Un système appliqué de responsabilité des ordonnateurs serait de nature à modifier ces dispositions. — A l'étranger, il existe des cautionnements administratifs ; en France même, quelques-uns subsistent, dans les Régies.

giné la notion de l'exercice, ou période comprenant tous les faits d'administration se rattachant à l'année dont les comptables présentent la gestion. Plus exactement, en adjoignant à la notion de temps les éléments intrinsèques de l'exercice, celui-ci se trouve être « l'ensemble des droits et charges d'une même année ». C'est la définition de la commission de révision du décret de 1862 (1), dont un procès-verbal ajoute : « L'exercice est l'élément certain et la raison d'être des comptes des ministres et de la loi de règlement. »

Si l'on voit bien les raisons d'un tel système, il ne faut pas s'en dissimuler les inconvénients : complications, retards, défaut de comparaison immédiate avec les comptes des comptables. On voulait, en évitant de limiter étroitement les opérations à la période annuelle, sans prolongation, empêcher les ordonnateurs de voiler la situation exacte de l'ensemble de leurs actes : un retard dans les ordonnancements, dans les paiements de dépenses engagées et faites pendant l'année, aurait suffi à en reporter la charge sur le budget suivant. Les comptes ne correspondraient plus à la réalité, constitueraient des trompe-l'œil ; les Chambres seraient mal renseignées.

Ces dangers ont-ils disparu ? Rien n'est moins certain. Il a fallu introduire, même dans l'exercice, la notion de durée, à cause des abus nombreux engendrés

(1) Constituée en 1878, Décret 31 janvier 1878 et D. 23 juin 1888.

par la conception d'une période budgétaire indéfinie et l'appréhension de voir les ordonnateurs accroître leurs crédits en enjambant d'un exercice à l'autre. Or, si l'on a craint de laisser les ordonnateurs reporter arbitrairement d'une année à l'autre les conséquences de leurs actes, qui les empêche d'agir de même, l'exercice se trouvant à son tour délimité entre des époques préfixes ? Invoque-t-on la bonne foi des ordonnateurs, les contrôles dont ils relèvent ? Les mêmes arguments militeraient en faveur de la suppression de ce système de comptabilité.

Et pourtant il était indispensable de déterminer d'avance la durée des exercices : les retards s'accumulaient, les créanciers surgissaient avec des titres de date indéfinie (1), impossibles à répartir par année d'attribution, à vérifier sérieusement ; c'était le chaos dans l'administration et surtout dans le contrôle : les ordonnateurs étaient libres d'admettre les créances que bon leur semblait, « les favoris obtenaient à leur profit la résurrection de vieilles créances dépréciées, plusieurs fois périmées aujourd'hui, que des ministres complaisants pouvaient à leur gré rendre éternellement payables » (2). Les ministres pouvaient aussi faire emploi des fonds disponibles afférents aux crédits restés ouverts, sans tenir compte des dépenses auxquelles ces

(1) A la Révolution il y avait des créances qui remontaient à Louis XIV. En 1819, d'autres dataient d'avant 1789 !

(2) Stourm, *Le Budget*, p. 527.

crédits avaient été primitivement affectés, payer des dépenses courantes en les imputant sur des excédents de crédits antérieurs ou *vice versa* solder des opérations en dépassant les autorisations premières sans solliciter de nouveaux pouvoirs.

Rappelons les liquidations successives d'arriérés avec terme de rigueur, opérées pendant la Révolution pour dégager l'avenir (1) ; nous arrivons ainsi à l'ordonnance du 14 septembre 1822. Auparavant, la loi du 25 mars 1817 avait prescrit aux créanciers de l'arriéré de justifier de leurs titres dans un délai de six mois (2), et au ministre des finances de présenter aux Chambres un tableau général de l'arriéré (art. 5 et 6).

L'ordonnance de 1822 mit fin à l'accumulation des exercices ouverts, en décidant (art. 10) : « toutes les dépenses d'un exercice devront être liquidées et ordonnancées dans les 9 mois qui suivront son expiration. » Les paiements devaient être faits avant le 31 décembre, l'exercice étant clos à cette date.

Des décisions postérieures (3), en dernier lieu la loi du 25 janvier 1889, ont introduit de nouveaux cas de prolongation de l'exercice, et réduit les délais de clô-

(1) Notamment la loi du 24 août 1793, qui crée le Grand Livre de la dette publique, assigna le terme du 1er juillet 1794 aux créanciers retardataires pour se faire inscrire. *Adde* : D. 22 décembre 1790, 17 avril 1791, L. 24 frimaire an VI, 8 frimaire VII, 30 ventôse an IX et plusieurs dispositions des années 1808, 1809, 1810.

(2) Prorogé plusieurs fois, jusqu'au 1er juillet 1834.

(3) O. 31 août 1825, 11 juillet 1833, D. 11 août 1850, 31 mai 1838, 31 mai 1862.

ture. Aujourd'hui, un ordonnateur ne peut imputer sur l'exercice antérieur des travaux entrepris après le 31 décembre ; ceux qui, en cours d'exécution, auraient été suspendus par des cas de force majeure ou d'intérêt public, sont susceptibles d'être achevés jusqu'au 31 janvier. Encore faut-il que l'ordonnance, imputée sur l'exercice précédent, énonce les motifs de retard et se renferme dans les crédits votés (art. 2).

La constatation des droits acquis, les liquidations et ordonnancements ne peuvent avoir lieu après le 31 mars de la seconde année. Le ministre des finances se trouve acculé au 30 avril pour opérer les paiements des dépenses et les recouvrements des recettes. Enfin jusqu'au 30 juin subsiste pour les ordonnateurs la faculté de demander des crédits supplémentaires pour dépenses relatives à des charges rendues obligatoires par la loi de finances, dont le montant n'est connu qu'après l'exécution des services, et l'ordonnancement ou le paiement effectué même après les dates ordinaires.

Cette réforme apporte plus de régularité et de rapidité dans les comptes, et rapproche la vérification des faits accomplis. Elle permet également à la Chambre de ne pas terminer son mandat sans avoir été mise à même de connaître les résultats du contrôle de la Cour des comptes sur ses premiers budgets.

L'exercice ainsi défini et délimité est loin de répondre à toute critique. Il se produit des confusions inévitables, les opérations complémentaires d'un exercice se manifestant au milieu de l'exercice suivant : d'où, difficultés pratiques de disjonction et de rattachement, retards dans la formation et la présentation des comptes définitifs.

D'autre part, nous avons déjà fait observer que rien n'empêche les ordonnateurs de retarder le paiement des dépenses engagées sur crédits insuffisants, et de les acquitter par imputation sur les premiers crédits de l'année suivante en opérant une véritable transposition d'exercice. La période complémentaire possède en outre ce grand désavantage de permettre l'épuisement des crédits restés disponibles en fin d'année ; on engage des dépenses même après les délais de rigueur, quelquefois en masquant l'irrégularité par l'apposition d'antidates sur les pièces justificatives. Et plus l'exercice se prolonge, plus les ordonnateurs sont tentés de consommer la totalité des crédits votés (1).

Ces raisons ont paru motiver, dans certains pays comme l'Angleterre, l'Italie, en faveur de la comptabilité par gestion, du 1er janvier au 31 décembre sans prolongation. Le système permet d'établir immédiatement la comptabilité générale, d'obtenir au lendemain de l'exécution du budget une situation réelle, aussitôt comparable à celle des comptables, aussitôt présentée aux fins d'examen et de contrôle. Les responsabilités

(1) D'où l'appellation méritée par l'exercice, d'être « le tombeau des annulations ».

sont rapidement établies, les sanctions rapprochées des faits peuvent exister avec efficacité.

Ainsi la comptabilité par exercice offre bien une situation qui satisfait davantage l'esprit en coordonnant tous les faits relatifs à l'année en cause ; mais sa pratique, non exempte d'inconvénients propres, entraîne des retards inévitables dont le préjudice contrebalance, et au delà, les dangers peut-être imaginaires que l'on *prétend* éviter.

Les comptes des ordonnateurs présentent d'autres indications qui dérivent de la notion de l'exercice.

Les opérations administratives sont bien arrêtées à la clôture de la comptabilité, mais les droits des créanciers subsistent, sujets à réordonnancements (O. 1822-12 et 21). Ces restes à payer sont imputés sur les crédits en cours. Il fallait également veiller à l'accumulation des réordonnancements, d'où serait résulté l'arbitraire des ordonnateurs, une confusion sans contrôle possible et un arriéré renaissant. Aussi décida-t-on (O. 10 février 1838) que tous les restes à payer sur créances non liquidées, liquidées mais non ordonnancées, ou ordonnancées, seraient compris dans un état dressé par chapitres, par les ordonnateurs, en fin d'exercice, et inséré dans la loi de règlement. Ces tableaux doivent énoncer le nom des créanciers, les numéros des créances ; centralisés par le ministre des finances, deux expéditions générales en sont envoyées, l'une à la Direction du mouvement des fonds, l'autre à la Cour des comptes, pour permettre leur contrôle respectif.

La loi de 1838 autorisait les réordonnancements exclusivement imputés sur cet état, et valables seulement jusqu'au 31 décembre courant, par corrélation avec la prescription quinquennale ; en pratique, on n'attend pas l'autorisation légale ; l'insertion de la créance sur l'état des restes à payer suffit à motiver une nouvelle ordonnance (D. 1862-125).

Les créances omises sur l'état nécessiteraient une autorisation législative spéciale, c'est-à-dire un crédit supplémentaire sur état nominatif (Loi, 23 mai 1834-99) (1).

Tels sont les motifs de l'insertion, dans le budget et le compte définitif de chaque ministère, du chapitre intitulé *dépenses sur exercices clos* : chapitre ouvert, comme de juste, seulement pour mémoire dans le budget, les crédits étant contenus en puissance dans les budgets antérieurs et devant être soldés par leurs excédents.

Toutes les raisons qui viennent d'être exposées motivèrent l'établissement d'un système de déchéance régulière, à l'encontre des créanciers du Trésor négligents ou en retard de produire leurs justifications ; il est équitable de réserver leurs droits après la clôture de l'exer-

(1) Font exception au principe de la vérification par créance individuelle, les rentes perpétuelles, dont les droits des créanciers sont constatés par l'inscription aux registres du Trésor ; à l'établissement de restes à payer, les rentes viagères, la solde : on ne connaît pas ces dépenses restant à payer en fin d'exercice ; elles se confondront avec les dépenses de l'exercice courant, sauf à être réunies, à la fin, dans un chapitre spécial.

cice, mais non de les garantir à l'infini. Une prescription spéciale de 5 années fut donc édictée par la loi du 29 janvier 1831, au profit de l'État. Passé ce délai, l'exercice est clos sans rappel de créance possible, et « cesse de figurer dans la comptabilité des ministères » (D. 1862-134 ; O. 10 février 1838-9 ; Loi 10 mai 1838-7).

La loi de 1831 en excepte trois cas : le délai de prescription s'augmente d'une année pour les créanciers domiciliés hors d'Europe (art. 9), et la prescription ne court pas contre les créances « dont l'ordonnancement et le paiement n'auraient pu s'effectuer par le fait de l'administration ou par suite de pourvois au Conseil d'État » (art. 10). Enfin certaines créances obéissent à des règles spéciales : ainsi les rentes sur l'État sont prescrites par 5 ans à dater de l'échéance (Loi, 24 août 1793 et Conseil d'État, 1809, C. c., 2270).

Comme les créances sur exercices clos, les opérations sur exercices périmés donnent lieu à l'insertion, dans les budgets et les comptes ministériels, d'un chapitre intitulé *Dépenses des exercices périmés non frappés de déchéance*. Elles nécessiteront, pour être ordonnancées et payées, la demande de crédits spéciaux par articles, ouverts par une loi (1). L'ordonnance vaut jusqu'à la fin de l'exercice en cours (Ord. 10 février 1838-10 et Loi 10 mai 1838-8 ; Loi 3 mai 1842-13 ; D. 1862-139,

(1) Les rentes perpétuelles et viagères échappent aussi à la formation des états sur exercices périmés, et à la nécessité de crédits spéciaux ouverts par une loi selon l'article 140 du D. 1862.

140). Un état nominatif doit également être dressé par chaque ordonnateur principal et transmis en double expédition à la Cour des comptes et au ministère des finances.

Ainsi constitués, les comptes des ministres, vont être l'objet de contrôles successifs de la part d'une commission de vérification, puis de la Cour des comptes, avant de parvenir, épurés à vrai dire, au Parlement.

CHAPITRE II

COMMISSION DE VÉRIFICATION DES COMPTES DES MINISTRES.

Les comptes des ordonnateurs principaux ne sont pas accompagnés de pièces justificatives (le comptable les a conservées à l'appui de son propre compte). Il convient donc de ne les accepter qu'après s'être assuré de leur exactitude, de leur concordance avec les écritures centrales. Il faut examiner aussi si les écritures centrales sont correctes, et d'accord avec les éléments qui ont servi à les constituer.

D'autre part, les comptes des payeurs, contrôle permanent des opérations des ordonnateurs, sont dépouillés et jugés par la Cour des comptes. Les résultats de cet examen seront rapprochés des conclusions ministérielles, dont, par ce moyen, on appréciera à nouveau la conformité: la valeur de la comparaison ainsi permise est si notable que nous verrons ce rapprochement final opéré à deux reprises et par deux organes distincts.

Enfin, chaque ministre a procédé, à l'égard du ministre des finances, à des envois de pièces permettant de contrôler la gestion des comptables et, au besoin, l'administration des ordonnateurs. Inversement, la comptabilité du ministère des finances va servir à contrôler l'exactitude des comptes généraux d'exercice.

Ces diverses missions sont échues à la Commission de vérification des comptes des ministres, organe de contrôle mixte, administratif et parlementaire, institué par l'ordonnance du 10 décembre 1823. Elle comprend neuf membres, choisis par le chef de l'État dans le sein des deux Chambres, du Conseil d'État, de la Cour des comptes, et se réunit tous les ans puisqu'il s'agit de vérifier des livres et des comptes arrêtés ou présentés annuellement. Elle clôt les écritures, opère certaines vérifications, certains rapprochements, et manifeste ses appréciations.

A cet effet, la Commission se transporte successivement dans chaque ministère, ou délègue des sous-commissions. Au ministère des finances, elle arrête au 31 décembre (1) le Journal et le Grand Livre de la Comptabilité publique, puis constate si le Journal concorde avec les livres auxiliaires, s'il reproduit tous les bordereaux établis d'après les livres élémentaires, et si tous ses résultats sont reportés sur le Grand Livre (2) ;

(1) C'est un peu théorique, car les écritures ne sont pas terminées à cette date.

(2) Les écritures centrales du ministère des finances résument, mois par mois, dans un Journal et un Grand Livre, les opérations des comptables par classes (trésoriers-payeurs, receveurs d'enregistrement...). Elles ont été établies au moyen des envois mensuels des comptables, bordereaux de dépenses et pièces, à la Comptabilité générale. Cette direction examine individuellement ces documents, tient des écritures élé-

elle compare ensuite les données du Journal et du Grand Livre avec les comptes du ministre des finances : compte de recettes et dépenses, compte général de l'administration des finances (1).

Une fois cette base bien établie, la Commission passe aux comptes des autres ministères ; elle arrête les écritures centrales, examine l'exactitude des reprises en compte, s'assure que la comptabilité correspond aux éléments constitutifs envoyés par les bureaux, et compare enfin ces écritures vérifiées avec les comptes définitifs produits.

Il ne lui reste plus qu'à juxtaposer les deux termes, les écritures centrales du ministère des finances avec les écritures et comptes des autres ordonnateurs. L'exactitude matérielle des documents émanés des ministres se trouve attestée ainsi par comparaison avec leurs propres bases et par rapprochement réciproque.

La Commission opère une deuxième vérification à leur égard : elle compare tous les comptes ministériels avec les résultats des comptes individuels des comptables, jugés par la Cour des comptes au double point de

mentaires et forme, par classes de comptables, des bordereaux qu'elle envoie aux « écritures centrales » pour être portés au Journal et au Grand Livre.

(1) Rappelons que le compte général décrit les opérations de toute nature accomplies dans l'année (1899) pour l'exécution des services financiers ; et la situation du Trésor au 31 décembre en tenant compte des résultats des années antérieures. Il contient aussi le résumé des comptes définitifs des dépenses faites pendant l'exercice qui porte le nom de l'année précédente (1898).

vue de l'exactitude et de la régularité. Cette très importante vérification est également opérée par la Cour ; aussi la Commission se borne-t-elle à prendre connaissance du tableau comparatif qu'on lui soumet ; on y énonce les recettes et dépenses faites dans l'année sur chacun des exercices ouverts, de sorte qu'elle peut les distinguer également par exercice dans les comptes individuels pour les rapprocher des comptes des ministres et du compte définitif (inséré au compte général de l'administration des finances) servant de base au projet de loi de règlement. Ainsi, en vue de cette loi de règlement, la Commission dégage des comptes une fois vérifiés les éléments qui concernent l'exercice dont la période complémentaire a pris fin dans l'année ; en les joignant aux opérations relatives au même exercice et relevées par les Commissions précédentes, on aura tous les matériaux nécessaires au règlement de cet exercice.

A côté de cette vérification des comptes définitifs, la Commission possède encore à l'égard des ordonnateurs des attributions diverses : elle doit arrêter, contrôler les livres de la dette publique, titre des rentes, pensions, annuités diverses et cautionnements à rembourser ; les états de débets et créances tenus par l'agent judiciaire ; les comptes généraux des matières. En fait, elle se borne à constater leur existence. — Elle examine également si la comptabilité des dépenses sur fonds de concours est exactement tenue (1).

(1) La réglementation des fonds de concours a subi des péripéties

Ces travaux donnent lieu à l'établissement d'un rapport et d'un procès-verbal, transmis au ministre des finances chargé de l'impression et de la distribution aux Chambres.

Quel jugement porter sur le rôle de la Commission ? On s'est plu à le rabaisser, surtout par des critiques de forme et d'organisation. On insinue qu'en fait ses membres se bornent à parapher des tableaux tout pré-

nombreuses : il s'agit, en effet, d'augmentation des crédits des ordonnateurs, du fait de personnes morales ou privées. Il faut contrôler l'exact emploi des crédits pour les dépenses primitivement fixées, et instituer un mode de comptabilité qui permette de le suivre sans confusion. La loi du 6 juin 1843-13 décidait que la portion non employée des crédits pouvait être réimputée avec la même affectation en fin d'exercice, par décret, sur l'exercice suivant ; les fonds versés étaient portés en recettes à l'Etat, et des crédits ouverts par décrets. Pour éviter le transport en fin d'exercice, inconciliable avec l'augmentation des fonds de concours, une circulaire du 6 juin 1863 créa un compte de trésorerie extra-budgétaire qui prenait charge des fonds de concours ; à la fin de l'exercice, on reportait au suivant les fonds non employés ; pour les autres, on prenait dans le compte de trésorerie la somme équivalente pour la mettre en recette dans le budget. Ce système n'assurait pas le respect des affectations ; les ordonnateurs se servaient des fonds pour payer des dépenses courantes. On revint à la règle de 1843 (Loi 29 décembre 1888); les reports nécessitaient même une loi. — Ce dura peu ; les ressources augmentant toujours formaient une masse considérable, difficile à suivre d'année en année sans confusion d'affectation, exclusive de tout contrôle : la loi du 26 décembre 1890, suivant la circulaire de 1863, rétablit un compte de produits spéciaux de fonds de concours. Mais en outre, la loi du 26 janvier 1892 prescrit aux ordonnateurs de dresser des états des versements faits dans leurs départements respectifs, de les insérer dans les comptes définitifs, et de les communiquer au ministre des finances qui en forme un tableau général introduit dans le Compte de l'administration des finances. La Commission de vérification s'assure que ces états sont bien établis, présentés, et d'accord avec le tableau du Compte général.

parés par les administrations ; que les sanctions promises sont illusoires, les Chambres n'attachant plus d'importance au rapport trop tardivement publié, au minimum 2 ans et quelquefois 7 ans après l'arrêt des écritures ; que les travaux de la Commission font parfois double emploi avec ceux de la Cour des comptes.

En réalité, la Commission possède des attributions importantes, des prérogatives particulières répondant à de véritables nécessités : vérifier tout sur place et sur écritures (1), jouer ainsi le rôle d'une inspection générale des finances à l'égard de la comptabilité des ordonnateurs, comparer les comptabilités et les comptes généraux entre eux, rapprocher les dépenses faites des crédits ouverts, mettre en relief les demandes de crédits supplémentaires, condenser des constatations multiples (2) en un rapport permettant au Parlement d'en prendre une connaissance plus aisée et d'exercer un contrôle plus éclairé, émettre spécialement des appréciations, des critiques et des vœux qui s'imposent à l'attention des pouvoirs publics ! La valeur d'une semblable institution n'est pas niable.

(1) L'Agent judiciaire est en outre vérifié sur pièces.

(2) Examen des comptes de la dette publique ; des annuités ; des arrêtés de règlement pris par le ministre des travaux publics à l'égard des compagnies de chemins de fer (loi 30 mai 1899-38) et appuyés à titre de documents justificatifs des comptes présentés par les compagnies. La loi de 1899 en créant un comptable d'ordre (V. *infrà*) abroge les lois du 26 janvier 1892-76 et 13 avril 1898-105 qui prescrivaient la présentation des comptes des compagnies de chemins de fer à la Commission de vérification des comptes ministériels, aux fins d'examen et de rapport au Parlement.

Pour mettre en lumière ces derniers points, il suffit d'accompagner la Commission dans quelques-unes de ses vérifications.

Vis-à-vis de l'Agent judiciaire, nous avons dit que la Commission s'assure de la concordance entre les écritures des ministres et l'état des créances litigieuses et débets reconnus dans l'année, état publié dans le Compte général des finances. L'agent doit même justifier sur pièces l'exactitude de ses opérations (Arrêté 14 décembre 1826). — De plus, comme il était dangereux d'abandonner aux ordonnateurs la faculté d'accorder des remises à titre gracieux ou d'omettre les poursuites contre les débiteurs de l'État, des précautions ont été prises par la loi du 29 juin 1852-13 et le décret du 5 août 1882 : la Commission de vérification est chargée de veiller à leur exécution, d'examiner les pièces justificatives, d'insérer ses observations dans son procès-verbal pour en saisir les Chambres. Ainsi, les dernières critiques ont trait aux délais des notifications (surtout au ministère de la guerre où certains retards ont atteint 13, 15 et 31 mois !) ; à l'insuffisance des renseignements annexés, le ministre de la marine ne produisant qu'un relevé sans date ; à la forme même des relevés notifiés, dont les modèles diffèrent suivant les bureaux. Ces observations dénotent une recherche minutieuse des irrégularités quelconques.

Nous en trouverons encore la preuve, en rappelant les critiques formulées à l'égard des comptabilités contrales des ministères, de la tenue des écritures, des comptabilités-matières, des engagements de dépenses.

Le dernier rapport constate, à propos des écritures des ordonnateurs, que les rapprochements mensuels avec les livres de la comptabilité publique ne sont plus opérés qu'en fin d'année, et perdent ainsi toute leur valeur. C'était pourtant un moyen de contrebalancer dans une certaine mesure l'insuffisance ou le désordre des comptabilités administratives.

La partie double n'est pas appliquée, ou dans de mauvaises conditions. Les livres élémentaires, tenus en partie simple, servent seuls à la confection des comptes des ministres, et leurs résultats n'en sont transportés que très longtemps après au *Journal* ou au *Grand Livre*. Plus précisément, le ministère de l'intérieur ne tient plus de partie double depuis nombre d'années ; le Grand Livre du ministère de la marine ne mentionne à la fin de l'exercice la situation des crédits que par une seule écriture.

La Commission de 1895 émettait en conséquence le vœu qu'une commission spéciale proposât au ministre des finances des mesures pratiques pour appliquer le procédé de la partie double, ou sa disparition radicale et l'organisation absolue de la partie simple.

Dans l'examen des comptes-matières, nouvelles observations : leur publication subit de longs retards, le compte du ministère de la guerre pour l'année 1895 était seul publié à la fin de 1897 ; le compte du ministère de l'intérieur en avril 1898. Suivent les améliorations à souhaiter, le désir de voir, par de nouveaux efforts, diminuer l'écart entre la date de publication et l'année en cause : le délai ne devrait pas dépasser six mois à partir de la clôture des opérations.

A propos des écritures pour les dépenses engagées, on retrouve la Commission dans son double rôle critique et consultatif. D'une manière générale, elle relève l'insuffisance ou l'absence de la comptabilité, et formule des appréciations particulières à chaque ministère ; les perfectionnements qu'elle propose s'accordent avec nos propres conclusions : le contrôle ne dispose d'aucune autorité, d'aucune sanction ; des mesures spéciales devraient être prises en vue d'assurer l'efficacité du système ; il conviendrait d'établir dans une large mesure l'indépendance des préposés.

Les attributions de la Commission de vérification, au point de vue du contrôle des ordonnateurs, sont ainsi placées en évidence. Dotée d'aptitudes spéciales, de pouvoirs très étendus, d'un droit de critique absolu, elle surveille les comptabilités intérieures des ordonnateurs, et l'observation des règles tutélaires ; elle affirme l'exactitude des documents, la réalité des chiffres dans leur ensemble et dans leurs détails, et permet à la Cour des comptes et au Parlement d'exercer en toute sécurité la mission respective qui leur incombe.

CHAPITRE III

COUR DES COMPTES.

Les principes qui régissent la responsabilité des ordonnateurs, le mode de formation et de présentation d'un compte d'exercice tout moral, expliquent la situation de la Cour des comptes à leur égard. Aucun jugement ne libère les ordonnateurs, n'apure leurs comptes ; aucune décision judiciaire n'intervient, basée sur l'examen de pièces justificatives.

La règle se trouve formulée dès la loi du 16 septembre 1807 relative à l'organisation de la Cour des comptes, article 18 : « La Cour ne pourra en aucun cas s'attribuer de juridiction sur les ordonnateurs, ni refuser aux payeurs l'allocation des paiements par eux faits sur des ordonnances revêtues des formalités prescrites... »

Néanmoins elle est chargée de constater et certifier, d'après le relevé des comptes individuels et les pièces justificatives produites par les comptables, l'exactitude des comptes généraux publiés par les ministres.

Son rôle, au premier abord limité, est en réalité très étendu ; son contrôle est effectif, permanent, mais une sanction personnelle lui fait défaut ; la Cour transmet des observations soit aux Chambres, soit au Chef de l'État.

Ces attributions datent de l'Ordonnance du 14 septembre 1822, article 22 : « La Cour constatera et certifiera, d'après les relevés des comptes individuels des comptables, l'exactitude des comptes généraux publiés par le ministre des finances et par chaque ministre ordonnateur. » Mais les comptables faisant des opérations pour toutes les administrations, sans distinction, il était difficile d'effectuer les comparaisons utiles à défaut de récapitulations, ou de classements assez compliqués ; l'ordonnance du 9 juillet 1826-2 facilita ce travail, suivant les expressions du décret de 1862-436, en prescrivant au ministre des finances de répartir les opérations annuelles par branches de comptables soumis au jugement de la Cour (trésoriers payeurs généraux, receveurs de chaque régie, etc.). Ainsi la Cour reçoit du ministre des finances des résumés généraux qui reproduisent, avec les divisions adoptées par le compte général de l'administration des finances, les faits compris dans les comptes individuels des comptables. A la suite de ces résumés viennent les comptes spéciaux des comptables particuliers tels que caissier-payeur central, agent comptable des traites de la marine...

Elle reçoit, en outre, des états comparatifs de ces comptes avec le compte général des finances (Ordonnance, 9 juillet 1826-3 ; décret 1862-437). De plus, le ministre des finances lui transmet avant le 1er juillet de chaque année un tableau rapprochant des recettes et dépenses comprises dans le Compte général les comptes individuels et les résumés généraux antérieurement transmis à la Cour pour la même année (D. 1826-5 et D. 1862-439).

Parmi les documents qui lui parviennent encore figurent les comptes ministériels, les états de dépenses d'exercices clos ou périmés (D. 1862-135, 140), le résumé général des virements de comptes (1) qui rétablit la situation vraie dans les écritures (O. 1826 ; D. 1862-366, 367).

A l'aide de ces renseignements et des résultats obtenus par la vérification des comptes des comptables, la Cour prépare l'examen des documents soumis au Parlement. Elle rend deux déclarations générales de conformité, attestant la concordance entre les résultats portés dans les comptes des ministres et ceux offerts par les comptes des comptables, tels qu'ils découlent de ses arrêts. L'importance de la comptabilité des

(1) Le résumé général des virements de comptes fournit aussi à la Cour l'occasion d'exercer son contrôle sur les ordonnateurs. Exemple : le ministre de la marine se fait céder une coupe de bois de l'État ; il n'y a ni adjudication ni recette ; mais le ministre a bénéficié d'une économie, le Trésor a perdu une recette. Un virement rétablira la réalité.

L'examen du compte de l'agent des virements permet d'autres vérifications : l'agent doit justifier de la régularité des modifications d'écritures qu'on lui a demandées ; prouver que l'annulation d'une dépense correspond à l'annulation d'une recette permettant de rétablir le crédit au profit de l'ordonnateur, que l'opération est légitime, comprise dans les délais (avant le 31 juillet, Loi 25 janvier 1889) ;....

comptables tenue parallèlement à celle des ordonnateurs, à l'aide de communications régulières, trouve ici sa dernière signification.

La première déclaration, dite d'année, a pour objet de certifier l'authenticité des résultats portés dans le Compte général, présenté par le ministre des finances, et pièce de comparaison des autres comptes ministériels. La Cour en rapproche les données des totaux obtenus par l'examen des comptes des comptables.

Chacune des trois chambres, dans le ressort de sa compétence, rend des déclarations spéciales de conformité entre les résultats de chaque résumé général et les résultats de ses arrêts sur les comptes individuels des comptables. Ces déclarations spéciales basent la déclaration générale de conformité.

Le ministre des finances ayant transmis, avant le 1er juillet, un état comparatif des recettes et dépenses, insérées au Compte général, avec les comptes individuels et les résumés généraux, la Cour peut rapprocher du résultat d'ensemble présenté par ce tableau la totalité des déclarations spéciales émanées des chambres compétentes.

Il faut examiner la concordance de tous ces documents et les synthétiser en vue de la déclaration générale qui atteste l'accord du Compte des finances avec les arrêts prononcés sur les comptes des comptables. A cet effet, un conseiller référendaire, désigné par le Premier Président, réunit les pièces, résume les déclarations particulières, les compare avec le Compte général (1). Son rapport une fois présenté en chambre du conseil, puis au Procureur général, le Premier Président nomme le Conseiller-maître qui rédigera les conclusions. Rapport et conclusions sont discutés en chambre du conseil ; les référendaires, qui ont préparé le travail relatif aux déclarations spéciales rendues au préalable, peuvent être appelés. Après l'audition du Procureur général, la Cour arrête le texte définitif de la déclaration générale, prononcée par le Premier Président en audience solennelle, toutes chambres réunies (Ord., 9 juillet 1826 ; Ord., 26 novembre 1826-2 ; Décret 1862-438 et suiv.).

La déclaration générale d'année proclame : que le compte général de l'administration des finances pour l'année... est d'accord soit pour les opérations qui s'appliquent au budget de l'État, soit pour celles qui sont relatives au service de trésorerie, avec les arrêts rendus sur les comptes individuels présentés par les agents comptables des finances pour ladite année.

Que le bilan de l'administration des finances (2) au 1er janvier suivant l'année dont il s'agit est également d'accord avec les résultats des arrêts rendus sur les

(1) Pour la déclaration générale d'exercice, la comparaison portera sur les déclarations spéciales et les comptes des ministres.

(2) Le Bilan de l'administration des finances, solde de tous les comptes, présente l'actif et le passif, sauf modifications par lois de règlement, le budget n'ayant été réglé que provisoirement par la direction de la comptabilité publique.

comptes des comptables pour ladite année, sauf les opérations d'ordre mentionnées en un état annexé (1).

Que les opérations comprises au compte d'apurement des dépenses d'exercices clos ont été faites conformément aux règles tracées par la loi du 23 mai 1834, comme en justifie un état annexé, sauf les infractions énoncées en un autre état.

La Cour ajoute certaines réserves, dites de style. En particulier, pour ce qui concerne l'exercice qui prend son nom de l'année en question, elle constate, dans un considérant, n'avoir été amenée à exercer sur la légalité des faits de cette année qu'un contrôle provisoire, qui deviendra définitif après la production et la vérification complète des pièces produites pour l'apurement des comptes des deux années pendant lesquelles court l'exercice.

Le Compte général et les écritures du ministre des finances, ainsi vérifiés et certifiés exacts, vont servir à contrôler les comptes ministériels en permettant le passage de la gestion à l'exercice.

Pour cette comparaison, la Cour se sert de la déclaration générale d'année, déjà rendue, qui a statué pour les douze premiers mois de l'exercice ; en y joignant les

(1) Ces opérations consistent dans le transport de certaines sommes d'un article du Bilan à un autre article, sans l'intervention d'un comptable. Ainsi sont retranchées des excédents de recettes du budget les sommes que l'administration des finances a mises en atténuation de dépenses pour l'année en question.

opérations complémentaires, elle obtiendra la déclaration d'exercice, qui certifie l'accord des arrêts individuels sur la gestion des comptables avec les écritures présentées par les ministres ordonnateurs.

Cette déclaration, préparée et prononcée dans la même forme que la précédente, contient en sus des prescriptions du décret de 1862, des dispositions relatives aux irrégularités, aux dépenses mal classées, etc.

Le dispositif déclare :

1° Que la recette et la dépense comprises dans les comptes des ministres pour l'exercice..... sont conformes aux résultats des arrêts rendus sur les opérations correspondantes portées dans les comptes présentés par les agents comptables des finances pour les 2 années pendant lesquelles ont eu lieu les opérations afférentes audit exercice ;

2° Que le montant des dépenses et recettes portées, tant aux comptes individuels des comptables en vertu des ordonnances et décisions spéciales délivrées selon l'article 10 du décret du 31 décembre 1881 (1) qu'aux

(1) Relatif à la vérification des frais de service et de négociation du Trésor public, qui a été de tout temps confiée à une commission spéciale (Ordon. 18 novembre 1817, 20 mai 1818, 19 janvier, 4 février 1820, 15 janvier 1823, D. 1862-285). Actuellement, elle comprend le président de la section des finances au Conseil d'État, président ; deux conseillers d'État, trois conseillers maîtres à la Cour des comptes, élus par leurs collègues; un inspecteur des finances désigné par le ministre ; en outre, d'autres membres des mêmes corps peuvent être adjoints par le ministre des finances, avec ou sans voix consultative. La commission est nommée dans les trois premiers mois de l'année qui suit celle de

comptes d'exercice publiés par le ministre des finances pour les dépenses et recettes de l'exercice dont il s'agit, est d'accord avec les fixations des dépenses et recettes budgétaires établies par le procès-verbal de la Commission spéciale chargée de la vérification des frais de service et de négociation du Trésor public.

3° Que les mesures prescrites par la loi du 3 mai 1842, article 13, pour l'ordonnancement et le paiement des créances portées au titre des exercices périmés, et non frappées de déchéance, ont été régulièrement exécutées (1).

4° Que la recette et la dépense comprises dans les comptes annexes publiés par l'administration des monnaies et médailles, par l'Imprimerie nationale, la Légion d'honneur, la Caisse des invalides de la Marine, l'École centrale des arts et manufactures, les Conseils d'administration des chemins de fer de l'État, du chemin de fer et du port de la Réunion, le service de la Caisse nationale d'épargne, sont également conformes aux résultats des arrêts rendus sur les comptes des agents de ces divers services spéciaux.

5° Que l'examen des faits constatés par des pièces jus-

l'exercice dont elle doit vérifier les opérations, et doit terminer ses travaux avant le 15 juillet. Son procès-verbal est remis au ministre des finances, qui arrête définitivement le compte des recettes et dépenses vérifiées, émet les ordonnances de régularisation des dépenses, fixe le montant des recettes accessoires portées aux produits divers du budget, et transmet le tout à la Cour.

(1) Chaque ministère, ayant remis un état à ce sujet, la Cour dresse elle-même un tableau général.

tificatives annexées aux comptes des comptables a fait remarquer des irrégularités aux lois et règlements, notées dans un État annexé sous le n° I.

Les réserves de style qui suivent ont trait aux débets et créances dont le recouvrement est confié à l'agent judiciaire du Trésor, et dont les états sommaires ont été vérifiés par la Commission de vérification des comptes des ministres ; ainsi qu'aux intérêts de la dette flottante, et aux frais de négociation et d'émission du Trésor, dépenses vérifiées par la Commission spéciale et annuelle suivant décret du 31 décembre 1881.

Enfin l'état n° 1, annoncé par le dispositif, contient une liste détaillée des infractions relevées par chaque rapporteur individuel, dont il résume les observations; ces infractions n'engagent pas la responsabilité des comptables, et sont réparties en 8 sections dont on conserve le cadre, même si l'une d'entre elles était visée pour néant. Viennent successivement les omissions de recettes et dépenses par suite de compensations ; les inversions de recettes d'un exercice à un autre ; les cas de dépenses faites sans crédits réguliers, ou de dépenses d'exercices clos confondues avec celles de l'exercice courant ; les interversions de dépenses d'un exercice, d'un budget, d'un ministère à l'autre, ou d'un chapitre à un autre à l'intérieur du même ministère et du même budget ; les irrégularités diverses, telles que dépassement de crédits, annulation par virements de compte d'une dépense afférente à des travaux exécutés pendant l'exercice courant et réimputation à l'exercice précédent......

On voit sans peine les différences de ces deux déclarations, qui ne comparent pas les mêmes comptes et renferment l'une et l'autre des attestations spéciales, soit aux dépenses d'exercices clos ou périmés, soit aux opérations des budgets annexes dont la comptabilité ne dépend pas du ministère des finances et ne rentre pas dans le Compte général.

La déclaration générale de conformité relative à l'exercice est remise au ministre des finances avant le 1er mai de l'année qui suit la clôture de l'exercice expiré, pour être imprimée et distribuée au Parlement (Arrêté, 21 novembre 1848 ; décret 1862-445 modifié par loi 25 janvier 1889-7) (1). La déclaration d'année, publiée de même, est encore régie par le décret de 1862-445, et remise seulement avant le 1er septembre.

Nous avons déjà rencontré une attestation, un travail de rapprochement analogue à propos de la Commission de vérification ; il se trouve que son rôle est à la fois plus et moins spécial. Tandis que la Cour constate, dans sa déclaration générale, la concordance entre les comptes présentés par les ministres et les arrêts prononcés sur les comptes des comptables, la Commission vérifie tout sur écritures (2), examine

(1) Cpr. Constitution, 5 fructidor an III-324 « le résultat des comptes arrêtés par les commissaires de la comptabilité est imprimé et rendu public ».

(2) Sauf l'Agent judiciaire, sur pièces.

sur place les comptes des ministres, les compare avec les écritures, en constate l'accord avec les éléments qui ont servi à les former [bordereaux élémentaires envoyés par les bureaux] et vérifie même si ces bordereaux ont été bien établis.

Mais la Commission ne se préoccupe pas en principe de la régularité des opérations (dépassements de crédits, virements....). La Cour, au contraire, déclare si les pièces concordent et si les opérations sont régulières ; elle vérifie la légalité des marchés, des imputations, et d'une façon générale, constate à l'aide des documents justificatifs produits le respect des lois et règlements. En fait, son contrôle, permanent, plus étendu, est aussi plus réel, plus sérieux, plus compétent. Par tradition, et parce qu'elle en a les moyens, la Cour procède avec une précision extrême. Il suffit, pour s'en convaincre, d'observer ce qui se passe à l'égard des dépenses d'exercices clos : la Cour reçoit du ministre des finances une expédition des états dressés par les différents ministères ; de plus, les bordereaux de paiement émanés des comptables (1), et un compte général d'apurement des exercices clos. Un conseiller référendaire examine ces bordereaux, établis par les comptables eux-mêmes, pointe les paiements d'exercices clos sur le compte, ainsi certifié par des pièces, vérifie la date de chaque créance, l'exactitude de sa référence à

(1) *Adde* les états sommaires pour les rentes viagères et intérêts de cautionnement, dont la situation est particulière.

l'exercice indiqué et au numéro des états nominatifs ministériels ; il se reporte à l'exercice pour s'assurer de la non-péremption, au chapitre budgétaire, pour rechercher s'il n'y a pas eu interversion, si les crédits primitifs ont été respectés [sinon, un décret n'aurait pu les faire revivre, une loi était nécessaire] ; enfin il contrôle l'accord des mentions relatives aux noms, qualités du créancier, au montant de sa créance. Le référendaire corrige sur les bordereaux les inexactitudes et omissions, puis insère le résultat de ses travaux en une feuille annexée, certifiant la conformité des indications portées aux bordereaux avec celles que présentent les pièces justificatives. Il garde ces pièces à l'appui de son compte ; les bordereaux annotés sont remis au magistrat chargé du résumé général des trésoriers-payeurs généraux pour servir à la formation de la déclaration générale d'année (1).

Les dépenses sur exercices périmés sont l'objet d'une étude analogue, la Cour recevant également des ordonnateurs, par les soins du ministre des finances, un exemplaire des états nominatifs dressés en double (2) (Décret 1862-140).

— Reste le contrôle exercé en principe, selon l'ordonnance du 6 juin 1843, par la Cour à l'égard des comptes-matières. Chaque ordonnateur principal lui transmet les comptes des comptables de son département,

(1) V. Décret 1862-135, et Ord. 10 février 1838-11.

(2) En ce cas, les bordereaux sont transmis au magistrat chargé du résumé général des virements de compte.

après une première vérification, ainsi que les pièces justificatives et un résumé général par nature et branches de services. D'autre part, les ministres ont publié, à l'aide de leurs comptabilités centrales, des comptes généraux des matières (Ord., 26 août 1844-8).

La Cour est chargée de vérifier les comptes individuels des comptables ; au cours de son examen, elle peut viser les irrégularités, dans la gestion ou l'administration, par des mentions et des référés. Elle s'adresse à l'ordonnateur pour faire parvenir ses injonctions aux comptables, et statue par voie de déclaration spéciale au compte, résumant ses observations et constatant l'existant (1). Une expédition en est adressée à l'ordonnateur, qui en donne connaissance au comptable et arrête définitivement son compte, après avoir reçu ses réponses.

Une fois arrêtés tous les comptes-matières de l'année, le ministre transmet à la Cour un résumé des suites données à ses observations et des redressements que leur prise en considération motivera dans la gestion suivante (Ord., 30 novembre 1857-80 et Décret 1862-874).

La Cour doit alors rendre, dans les formes ordinaires, une déclaration générale de conformité entre les comptes des ministres et les comptes-matières des

(1) Un seul conseiller référendaire voit les comptes du même ministère.

comptables (Ord., 26 août 1844-11) (1). Cette déclaration, délibérée en chambre du conseil, rendue en assemblée solennelle, constate que les résultats des déclarations spéciales, émanant de chacune des chambres compétentes, concordent avec les résultats des comptes généraux-matières publiés par les ministres ; et que le même accord existe entre les déclarations spéciales et les résumés par nature de service.

L'exercice de ses multiples contrôles ne donne à la Cour aucun droit de sanction, même à l'encontre des comptables-matières (2). Elle n'aurait pas la faculté d'ordonner une simple enquête : tous ses pouvoirs se borneraient à la demander par référé à l'ordonnateur principal, ou par une note au Parquet qui transmettrait la requête à l'Inspection des finances (3). Cependant, les déclarations générales ont seulement affirmé l'exactitude et la régularité des comptes généraux ministériels pris dans leur ensemble ; il peut y avoir des remarques, des critiques à présenter, soit sur les comptes indivi-

(1) Décret 1862-875.

(2) Il ne s'agit ici que des comptables-matières régis par l'ordonnance de 1844.

(3) Cpr. loi 13 novembre 1791, section I, titre II, art. 14 ; les commissaires de la trésorerie correspondent directement avec les corps administratifs... et ils adresseront directement aux receveurs les ordres relatifs au service public.

Id., arrêté 29 frimaire IX, art. 6 « (les 7 commissaires de la comptabilité) correspondront directement avec les ministres. Ils correspondront aussi immédiatement avec les divers agents du Gouvernement pour en obtenir les renseignements et pièces dont leurs vérifications rendront la représentation nécessaire. »

duels de tout ordre, soit sur les comptes définitifs des ordonnateurs. Au cours de ces vérifications, et de l'étude des pièces justificatives, ressortent parfois des incorrections, des faits graves à la charge des ordonnateurs, des infractions aux règlements, même aux volontés nettement exprimées du législateur (1) ; ou bien ce ne seront que des améliorations à proposer, des imperfections à signaler. Or, si la Cour n'a pas de juridiction sur les ordonnateurs, ses travaux se proposent en définitive d'éclairer le juge suprême des comptes ; il était naturel, sinon nécessaire, de lui donner le moyen de faire entendre ses observations, dont la valeur résulte d'un examen approfondi sur pièces. Ainsi deviendra-t-elle l'auxiliaire des pouvoirs publics, au lieu de borner sa tâche à des vérifications matérielles ; et sans cesser de juger ou contrôler des comptes individuels, elle en exprimera tout ce qui paraîtra de nature à renforcer la surveillance des administrateurs.

C'est ce qui a été admis depuis longtemps. La loi du 30 mars 1791, et celle du 13 novembre 1791 relative à la Trésorerie Nationale (2), mentionnent déjà la présen-

(1) Par exemple, une dépense est engagée malgré le rejet du crédit afférent.

(2) Loi 13 novembre 1791, titre I. L'article 1er supprime les administrateurs des recettes et dépenses publiques, créés par édit de mars 1788.

Titre II, art. 1 : « les 6 commissaires nommés par proclamation royale du 8 mai, en exécution des décrets des 10 et 18 mars 1791 entreront en exercice à compter du 1er juillet 1791... Chacun d'eux sera chargé de diriger particulièrement le travail d'une des parties suivantes : 1° la

tation, par le bureau de comptabilité, de rapports à l'Assemblée. « Tous les 15 jours...... le compte général de recette et de dépense sera porté au Corps législatif et au Pouvoir exécutif par le président du comité. Ce même compte sera rendu public tous les mois par la voie de l'impression » (Loi 13 novembre 1791, S. I, titre II, art. 11). — Quand la loi du 28 pluviôse an III créa le Comité de comptabilité générale, elle le chargea de dénoncer les abus et de proposer les mesures nécessaires. De même la Constitution du Directoire (5 fructidor an III) répète dans son article 323 que « les commissaires de la comptabilité nationale donnent connaissance au Corps législatif des abus, malversations, et de tous les cas de responsabilité qu'ils découvrent dans le cours de leurs opérations ; ils proposent dans leur partie les mesures convenables aux intérêts de la République ».

Une évolution se produit alors ; les membres de la nouvelle Commission de comptabilité, prévue par la Constitution du 22 frimaire, an VIII (1), « informeront le *Gouvernement* des abus et malversations qu'ils décou-

recette journalière ; 2° la dépense du culte, de la liste civile, des affaires étrangères, ponts et chaussées, dépenses diverses ; 3° le paiement des intérêts de la dette publique et des pensions ; 4° les dépenses de la guerre ; 5° les dépenses de la marine et des colonies ; 6° la comptabilité.

(1) Article 89 : « une Commission de comptabilité nationale règle et vérifie les comptes des recettes et dépenses de la République. Cette Commission est composée de 7 membres choisis par le Sénat dans la liste nationale. »

vriront dans le cours de leurs opérations ». — « La Commission de comptabilité remettra au *Gouvernement*, tous les trois mois, l'état de ses travaux ; et à la fin de chaque année elle lui en présentera le résultat général qui sera rendu public. Elle proposera ses vues de réforme et d'amélioration dans les différentes parties de la comptabilité » (Arrêté, 29 frimaire an IX, articles 5 et 8).

Ce n'est plus le Pouvoir législatif, mais le Gouvernement, qui se trouve saisi. Le mouvement se confirme et s'accentue sous la Constitution du 28 floréal an XII (1) qui supprime toute publicité : « l'archi-trésorier est présent au travail annuel dans lequel les ministres des finances et du Trésor public rendent à l'Empereur les comptes des recettes et des dépenses de l'État, et exposent leurs vues sur les besoins des finances de l'Empire. — Les comptes des recettes et dépenses annuelles, avant d'être présentés à l'Empereur, sont revêtus de son visa. — Il reçoit tous les trois mois le compte des travaux de la comptabilité nationale, et tous les ans le résultat général et les vues de réforme et d'amélioration dans les différentes parties de la comptabilité. Il les porte à la connaissance de l'Empereur.. » (art. 42).

La loi sur l'organisation de la Cour des comptes est conçue dans le même esprit ; article 20 : « les référendaires formeront sur chaque compte deux cahiers d'obser-

(1) Constitution impériale du 18 mai 1804.

vations : les premières relatives à la ligne de compte... ; les deuxièmes, celles qui peuvent résulter de la comparaison de la nature des recettes avec les lois, et de la nature des dépenses avec les crédits. » Le maître rapporteur (Décret, 28 septembre 1807-29) « remettra particulièrement au Premier Président le deuxième cahier des observations du référendaire, avec ses observations personnelles, s'il y a lieu, pour en être par le Premier Président fait l'usage prescrit par la loi du 16 septembre ». Cet usage, l'article 22 de la loi l'expose en ces termes (1) : « Au mois de janvier de chaque année, le prince architrésorier proposera à l'Empereur le choix de quatre commissaires qui formeront avec le Premier Président un comité particulier chargé d'examiner les observations faites, pendant le cours de l'année précédente, par les référendaires. Ce comité discute les observations, écarte celles qu'il ne juge pas fondées, et forme des autres l'objet d'un rapport qui est remis par le Président au prince architrésorier, lequel le porte à la connaissance de l'Empereur. »

L'Empereur était donc renseigné, mais lui seul. Il faut attendre la Restauration pour voir le Pouvoir législatif prendre à nouveau connaissance des rapports du juge des comptes. Encore les premières mesures demeurèrent-elles incomprises, sans effet. La loi de règlement des budgets de 1815, 1816, 1817 (27 juin

(1) Reproduits par le décret 1862-447.

1819), s'inspirant des dispositions de 1807, sauf le changement de destinataire, ordonnait de joindre au compte annuel des finances l'état général de situation des travaux de la Cour (art. 20). Cette obligation vague n'eut pas de résultat ; malgré les demandes des commissions législatives et des rapporteurs des lois de règlement (1), les rapports de la Cour n'étaient pas produits, restaient entre les mains du garde des sceaux. Le Pouvoir exécutif craignait l'instruction du Parlement et la Cour des comptes elle-même appréhendait une publicité de nature à gêner son initiative.

Plusieurs propositions de lois amenèrent enfin la loi du 22 avril 1832 à décider : « le rapport annuel dressé par la Cour des comptes sera imprimé et distribué aux Chambres » (art. 15).

Toutes ces dispositions ont été codifiées dans les articles 446 et 447 du décret de 1862 : article 446 : « tous les ans, le résultat général des travaux de la Cour des comptes et les vues de réforme et d'amélioration, dans les différentes parties de la comptabilité, sont portés à la connaissance de l'Empereur. »

Article 447 § 2 (2) : « Ce rapport est remis avant le 1er septembre de l'année qui suit la clôture de l'exercice expiré ; il est imprimé et distribué au Sénat et au Corps législatif, en même temps que les éclaircissements fournis par les divers ministères. »

(1) *Sic*, A. Périer, rapporteur en 1828 de la loi de règlement du budget de 1826.

(2) Voir page 147, note 2.

Depuis 1832, le Parlement reçoit donc et prend connaissance du rapport de la Cour, adressé au chef de l'État. Et la Cour est à même de lui communiquer, en outre des résultats de son contrôle sur les ordonnateurs, les critiques sur les irrégularités relevées, et les réformes que lui aura suggérées l'ensemble de ses vérifications.

Ce rapport, dont l'importance est démontrée par l'opposition des gouvernants à en permettre la connaissance aux Chambres, contient le résumé des travaux de la Cour et de ses observations « morales », lorsqu'une sanction judiciaire lui fait défaut. Il comble en quelque sorte cette lacune de « l'absence de juridiction sur les ordonnateurs » en attirant sur leurs erreurs, négligences ou manquements graves, l'attention des pouvoirs compétents ; en mettant parfois en mouvement l'action répressive.

L'ordonnance du 26 août 1844, article 12 (1), stipule de même, pour les comptes-matières, que « la Cour consignera dans son rapport annuel les observations auxquelles aura donné lieu l'exercice de son contrôle, tant sur les comptes individuels que généraux, ainsi que ses vues d'amélioration et de réforme ».

Par les éléments dont dispose la Cour, un tel contrôle est très étendu, et souvent constitue, dans l'état de nos institutions, le seul moyen de relever les abus des ad-

(1) *Id.*, décret 1862-876.

ministrateurs, de leur enjoindre d'y renoncer. L'occasion s'est offerte ailleurs de citer l'action de la Cour sur la poursuite des mandats fictifs ; elle s'exerce de même pour toutes les irrégularités dont les ordonnateurs peuvent se rendre coupables. Les dépassements de crédits constituent une source incessante de mentions dans les rapports, ainsi que les interversions d'exercices, de chapitres. En cette dernière matière, les observations répétées de la Cour ont abouti à la suppression des budgets extraordinaires qui permettaient aux ordonnateurs de puiser trop aisément dans un titre au profit de l'autre.

Mentionnons à part le contrôle exercé sur les infractions à l'un des éléments de ce principe « que l'ordonnateur doit se renfermer dans la limite de ses crédits ».

En vertu de cette règle essentielle et générale de notre droit financier, les ordonnateurs sont astreints à rendre compte de toutes leurs opérations, sans les dissimuler sous des compensations peut-être suspectes, en tous cas exclusives du contrôle. Sous l'ancien régime, la situation était autre ; les fermiers généraux ne versaient au Trésor que le produit *net* des revenus ; les régies dissimulaient leurs dépenses ; les tableaux et comptes généraux des finances ne faisaient pas apparaître la moitié des opérations réelles. Ce procédé persista pour les régies jusqu'en 1817 (1).

(1) L'ordonnance du 26 mars 1817-3, ordonna de porter en recettes le produit brut des impôts, et en dépenses les frais de régie.

A l'égard des ordonnateurs, la réforme date de l'ordonnance du 14 septembre 1822, article 3, qui décide : « les ministres ne peuvent par aucune ressource particulière accroître le montant des crédits affectés aux dépenses de leurs services respectifs. » Les recettes de toute nature effectuées dans leurs départements, et provenant d'une autre source que les crédits législatifs, les faits qui ont été de nature à éviter une dépense, qui ont engendré une recette par omission de dépense, doivent entrer en ligne de compte : prix de vente de matériaux impossibles à réemployer, restitutions au Trésor pour trop payé (1), prix d'achat ou loyers d'objets venant de ministères étrangers, produits consommés en nature (2), bois de chauffage utilisés par le service qui les a abattus, fonds de concours, produits du travail des prisonniers (3), vente des publications officielles, revenus de l'Académie française à Rome (4)... (V. Décret 1862, art. 43 et suivants). De même, il doit être fait état de toute dépense corrélative de ces recettes extra-budgétaires : pas de subventions en nature non évaluées, pas de marchés de transformation destinés à un autre service.

En raison de la multiplicité des procédés et de leur dissimulation, la tentation est forte ! La Cour fait peser

(1) Si l'exercice n'était pas clos, il pourrait y avoir rétablissement de crédit par ordonnance de virement de compte.

(2) Ils sont préalablement évalués (Règlement, 28 novembre 1837).

(3) Loi, 19 juillet 1845.

(4) Loi, 28 décembre 1880.

son contrôle sur les agissements semblables des ordonnateurs de tout grade, et insère dans son rapport les irrégularités constatées. Il en résultera pour l'administrateur l'obligation de respecter ses crédits, de faire apparaître toutes ses recettes et tous ses besoins ; les comptes qu'il soumettra ne seront ni incomplets ni factices. Plus spécialement, les comptes ministériels présenteront sans réticence, et pour les opérations quelconques des ordonnateurs, une situation générale de nature à baser avec exactitude les appréciations du Parlement.

Nous avons exposé le rôle de la Cour des comptes, sa mission de contrôle et ses attributions consultatives. Nous retrouverons dans les projets de réforme certaines propositions qui tendent à élargir sa compétence ou ses moyens d'action. En définitive, déclarations générales de conformité, rapport au chef de l'État, communications aux Chambres, sont destinés à servir d'éléments au jugement de l'autorité budgétaire.

CHAPITRE IV

POUVOIR LÉGISLATIF.

Au Pouvoir législatif viennent aboutir tous les matériaux du jugement définitif des ordonnateurs. Rappelons les documents émanés de la Cour des comptes, de la Commission de vérification des comptes des ministres, ces comptes ministériels eux-mêmes fournis d'une manière générale par tous les ordonnateurs principaux, et plus spécialement par le ministre des finances. Les Chambres sont en mesure de prendre une vue d'ensemble des crédits ouverts, des dépenses faites, des travaux exécutés, des acquittements en suspens, des ressources non employées. Les ordonnateurs leur apportent les preuves qu'ils ont exécuté les prescriptions législatives dans les limites assignées, le ministre des finances justifiant en outre de la perception intégrale et régulière des recettes générales.

Il était logique que le pouvoir qui avait autorisé les recettes et les dépenses contrôlât l'usage de ces autorisations. Il était naturel, une fois assurée la surveillance de l'exécution matérielle du budget, de voir succéder le contrôle du Parlement.

Pas de pièces annexées à ces comptes, où les ministres demandent l'approbation de l'emploi de leurs crédits ; les Chambres n'auraient pu les vérifier, et se contentent de procès-verbaux, de déclarations de conformité attestant l'exactitude des documents qu'on leur présente : appuyées sur des constatations de fait qu'elles s'approprient en les apurant, elles couronnent ainsi l'œuvre en envisageant le caractère moral des opérations, l'esprit qui a guidé l'ordonnateur.

Les premiers actes de la Révolution consacrent les droits du Parlement à l'égard des ministres. D'après la loi du 17 septembre 1791, article 1er, « l'Assemblée nationale devait apurer définitivement par elle-même les comptes de la nation ». Cette formule, d'une généralité absolue, puisqu'elle s'étendait même aux comptes de gestion, est développée dans les articles suivants ; après examen par un bureau de comptabilité, composé de quinze membres nommés par le roi, les comptes « devaient être vus et apurés définitivement par l'Assemblée nationale, aux termes de l'article premier »(art.5). Dégagée des illusions de l'époque, qui tendaient à reconnaître à l'Assemblée une compétence universelle, cette pensée a subsisté intacte vis-à-vis des ordonnateurs.

Le Parlement examine et règle leurs comptes.

Son examen est favorisé par les documents des contrôles antérieurs, aux divers degrés, dont la production est ordonnée à dates fixes.

La Cour des comptes remet avant le 1er mai de l'année qui suit la clôture de l'exercice expiré la déclaration générale de conformité relative à cet exercice (Loi 25 janvier 1889-7) (*V. p.* 139).

La date de l'envoi a même été l'objet d'une disposition spéciale : « La distribution de cette déclaration avec le rapport qui l'accompagne sera faite avant le 1er novembre suivant » (Loi 14 avril 1896 sur le règlement du budget de 1887). La loi visait spécialement le rapport de la Cour des comptes : jusqu'en 1856, ce rapport était distribué tel quel ; les administrations ayant réclamé le droit de réponse, on accepta ces éléments de conviction. Le décret de 1862, article 447 *in fine* décida : « Le rapport est remis dans le délai fixé par la remise de déclarations générales (1er septembre) ; il est imprimé et distribué au Sénat et au Corps législatif *en même temps que les éclaircissements* fournis par les divers ministères. » Aucune limitation n'avait été introduite quant au délai de distribution aux Chambres ; des retards de près d'une année en résultaient. La loi de 1896 a voulu réagir contre un tel abus.

La déclaration générale d'année reste régie par les anciens textes, et doit être prononcée et remise au ministre des finances avant le 1er septembre, afin d'être imprimée et distribuée au Parlement.

Les procès-verbaux et le rapport de la Commission de vérification des comptes ministériels, également imprimés et distribués aux Chambres, ne sont renfermés dans aucunes limites.

Nous retombons dans la règle pour les comptes ministériels eux-mêmes. Les lois du 28 avril 1816-122 et 25 mars 1817-148 prescrivent : « Les ministres présenteront *à chaque session* des comptes imprimés de leurs opérations pendant l'année » (1). A ces comptes, dont nous avons étudié la structure et le contenu, ils annexent leurs comptes-matières (Loi 24 avril 1833-10) et des documents généraux ou spéciaux à chaque ministère (2). — La loi du 25 janvier 1889-6 ajoute : « La présentation du projet de loi de règlement définitif du dernier exercice clos, et la production des comptes des ministres à l'appui, doivent avoir lieu au plus tard à

(1) Comp. les cahiers du tiers état de Rennes : « Nos députés s'attacheront d'abord à examiner avec soin le véritable état des finances ; à vérifier et apurer les dépenses de chaque département. Tous les états de recettes et de dépenses seront ensuite rendus publics *par voie d'impression.* »

(2) D'entre ces annexes, destinées à renforcer le contrôle sur des points précis, citons : la liste des boursiers de l'État, avec indication de leur situation de famille, de leurs titres à cette faveur, et de leur rang d'admission aux grandes écoles (Loi 21 avril 1832-9 et suiv.) ; le tableau des subventions artistiques ou littéraires ; des pensions de retraites inscrites en vertu de la loi du 9 juin 1853 ; des soldes de non-activité ou de réforme, avec détails afférents ; des concessions de débits de tabac (Loi 27 juillet 1870-40 ; l'état des propriétés immobilières de l'État et des logements concédés (Lois 31 janvier 1833-9, et 29 décembre 1873, loi 23 avril 1883) ; le compte des recettes et dépenses présenté par le conseil d'administration des chemins de fer de l'État, à la clôture de l'exercice (Décret 25 mars 1878-23) ; la liste des marchés de 50.000 francs et au-dessus, passés dans l'année, énonçant les noms et domiciles des parties, la durée, la nature et les principales clauses du contrat (Loi 31 janvier 1833-12) ; la nomenclature des services votés (Loi 15 mai 1850) ; les états relatifs aux matières, aux approvisionnements, aux constructions navales (Lois 26 juin 1888-10 ; 26 janvier 1892-61 ; 16 avril 1895-K ; 13 avril 1898-N-O-P)... etc.

l'ouverture de la session ordinaire des Chambres qui suit la clôture de l'exercice. »

Avant la loi du 15 mai 1818, en effet, les droits du Parlement ne se manifestaient pas d'une façon effective ; par la suite, les comptes ministériels furent soumis au vote d'une loi spéciale (Loi 1818, article 102) : « Le règlement définitif des budgets antérieurs sera, dans l'avenir, l'objet d'une loi particulière qui sera proposée aux Chambres avant la présentation de la loi annuelle de finances » ; « dans les deux premiers mois de l'année qui suit la clôture de l'exercice » avait spécifié l'article 11 de la loi du 9 juillet 1836, dont les dispositions ont été remaniées par la loi de 1889 dans le sens précité.

Ainsi, chaque ministre ayant produit le compte de sa propre administration, le ministre des finances est chargé de les réunir, de présenter un projet de loi générale de règlement définitif du budget, avec ses subdivisions par chapitres. Le projet est précédé d'un exposé des motifs proposant aux Chambres de fixer à tels chiffres indiqués les recettes et les dépenses, les crédits définitivement alloués, les annulations...

La Chambre nomme une Commission de 33 membres qui procède à un examen et dépose un rapport. De même au Sénat, le projet sera examiné dans les bureaux. Suivent, la discussion générale, le vote par articles et sur l'ensemble.

Le Parlement, assuré de l'exactitude matérielle des

documents qui lui sont présentés, éclairé sur la régularité et sur la valeur des actes des ordonnateurs, prononcera ; et la loi sera promulguée par le chef de l'État.

Si les chiffres proposés sont admis, les ordonnateurs se trouvent libérés ; sinon, si des dépenses sont rejetées comme irrégulières ou non autorisées, la responsabilité du ministre incriminé sera engagée. Il est inutile de revenir sur le caractère de cette responsabilité, purement morale, chaque ordonnateur rendant un compte impersonnel qui ne le met pas directement en cause. Vu l'échec des divers systèmes de responsabilité pécuniaire, le contrôle des ordonnateurs (qui permettra peut-être d'établir une sanction effective) constitue provisoirement le meilleur moyen d'y suppléer. Les administrateurs se garderont de faillir si leurs irrégularités sont relevées sans retard et toujours.

Les précautions se sont multipliées pour ne laisser échapper aucune infraction. Le résultat est moins satisfaisant au point de vue de la rapidité des apurements. Les lois de règlement suivent à plusieurs années de distance les faits accomplis ; votées sans intérêt, leur valeur, même morale, devient nulle (1).

De ces retards, les uns tiennent à des causes permanentes et normales, aux délais de production des pièces et des comptes, délais qu'on s'est d'ailleurs attaché à réduire : la durée des périodes complémentaires de

(1) Sauf cas exceptionnel où la politique seule est en jeu.

l'exercice a toujours été en diminuant; on a déterminé en janvier de la troisième année de l'exercice la date de présentation de la loi de règlement. Ces prescriptions sont observées, mais les documents qui doivent accompagner les comptes, pour éclairer et guider l'examen du Parlement, font défaut. Bien que la Cour des comptes présente le résultat de ses investigations dans un délai très bref, il s'écoule encore seize à vingt mois depuis la fin de l'année dont l'exercice a pris le nom (1). Les ré-

(1) Discours de M. Boulanger, Premier Président, à l'audience de rentrée de la Cour des comptes (16 octobre 1895) : « L'efficacité du contrôle exige qu'il suive de près les événements. Si les résultats n'en sont connus qu'à de longs intervalles, l'impression qu'ils doivent faire sur l'opinion publique s'affaiblit ; nos rapports n'ont plus qu'un intérêt rétrospectif. Il faut, autant que le permettent les exigences législatives, lui rendre l'actualité... Grâce aux efforts de tous les magistrats, la Cour a pu, l'année dernière, rendre le 11 avril 1895, avant l'expiration du délai légal, sa déclaration générale sur l'exercice 1893. Elle a eu quelque mérite à le faire, car le compte de l'administration des finances et certains comptes ministériels qui sont la base de la déclaration sont encore parvenus tardivement, quelques-uns à la veille seulement de notre audience. J'ai la certitude que la déclaration sur 1894 pourra avoir lieu également avant la fin du mois d'avril prochain.

Je désirerais très vivement que le rapport public pût être remis au chef de l'État à la même époque. C'est le dépôt de ce travail qui termine en effet l'œuvre de la Cour. La déclaration générale n'en est que la préparation ; le contrôle ne s'affirme réellement devant le pays que quand le rapport est publié. Il ne dépend pas de nous d'abréger le délai dont le Gouvernement a besoin pour effectuer la distribution du volume aux Chambres. On peut regretter que ce délai se prolonge. Le Parlement sera peut-être frappé de n'avoir reçu que le 12 juillet 1895 le dernier rapport, qui a été remis au chef de l'État dès le 27 juillet 1894. J'ai l'espoir que des dispositions législatives nouvelles seront bientôt prises pour améliorer la situation. — Mais nous sommes maîtres de l'époque à laquelle le rapport peut être remis au Gouvernement. Il suffit pour cela d'accélérer les travaux de la déclaration et de la rédaction du rapport. Dans la

sultats des travaux de la Commission de vérification ne parviennent qu'au bout de trois à quatre ans au plus tôt. Les documents administratifs souffrent de retards aussi prolongés.

Puis, à ces raisons dilatoires viennent s'ajouter celles qui incombent à la procédure parlementaire, du fait des commissions législatives ; même si l'on observe les

pensée de la loi et dans l'intention formellement exprimée par les commissions parlementaires, le rapport public doit être déposé par la Cour dans les délais fixés pour la déclaration générale, avec laquelle il se confond et dont il est la manifestation. Les circonstances n'ont pas encore permis à la Cour de se maintenir rigoureusement dans ce délai. Je souhaiterais qu'elle le fît pour l'exercice 1894, mais j'ai besoin pour cela d'adresser un nouvel appel au zèle de la Compagnie.

Il faudrait que MM. les rapporteurs se missent dès maintenant en mesure de gagner encore du temps sur leurs vérifications. Elles devraient être conduites de manière que tous les comptes de la gestion 1894 (2e partie), embrassant les résultats des 12 mois de cette année, soient jugés vers le 15 janvier prochain, et que d'autre part il soit statué sur les comptes de la gestion 1895 (1re partie), vers le 15 mars 1896. Les arrêts individuels sur les comptes des comptables étant intervenus dans ces délais, et la concordance de leurs résultats avec les résumés généraux étant établie par les déclarations spéciales de conformité, les déclarations générales pourraient être respectivement prononcées : celle d'année à la fin du mois de janvier, et celle d'exercice à la fin du mois de mars.

Il resterait donc, pour coordonner les éléments du Rapport public et pour en arrêter définitivement la rédaction, un délai d'environ un mois que le zèle des membres du comité du rapport public rendrait suffisant. De cette manière, le Rapport de 1894 se trouverait entre les mains du Gouvernement au mois de mai 1896 ; et si les mesures législatives auxquelles je faisais allusion étaient adoptées, le Rapport serait placé cette même année, dès la rentrée des Chambres, sous les yeux du Parlement et du pays.

Nous aurions ainsi rapproché le contrôle des faits auxquels il s'applique, et réalisé l'un des plus grands progrès qui puissent être demandés à notre commune sollicitude pour les intérêts de l'État » (*p. 12 et suiv.*).

dispositions des lois de 1836 et 1889, la discussion n'a pas lieu. La pensée du législateur, lier le passé à l'avenir, permettre aux représentants de la nation de se prononcer sur le budget futur en se basant sur des données récentes, se trouve étouffée. Quand sonne enfin l'heure des débats, ils n'offrent plus d'intérêt : il s'agit d'exercices qui remontent parfois à treize années (1) ! Les faits et les hommes ont passé, sont oubliés ! Aucun orateur ne demande la parole, le vote par articles se fait à mains levées, le vote au scrutin public sur l'ensemble a lieu sans discussion.

Il n'en a pas été toujours ainsi : Sous la première Restauration, les lois de règlement étaient promulguées régulièrement chaque année, en moyenne six mois après la clôture de l'exercice (2). Aussi est-il permis d'espérer que ce suprême mode de contrôle reprendra, avec sa rapidité d'exécution, sa valeur propre.

Il a été dit que la loi annuelle de règlement, présentée comme la loi de finances, était votée comme elle. Le mode d'établissement du budget originel, par les

(1) Les exercices 1871, 1872, 1873, 1874 ont été réglés en une séance (23 octobre 1884 à la Chambre, 9 juillet 1885 au Sénat) ; l'exercice 1875 en 1887 (Loi 22 juillet) ; les exercices 1876 à 1879 en 1889 ; l'exercice 1880 en 1890, ainsi que les exercices 1881, 1882, 1883, dont la loi n'a été promulguée qu'en 1891 ; les exercices 1884, 1885, 1886 en 1895 ; 1887 en 1896.

(2) Qui finissait alors au 31 décembre de la seconde année. Les exercices 1815, 1816, 1817 furent réglés en 1819 ; l'exercice 1818, en mai 1820 ; 1819, en avril 1821 ; 1820, en mars 1822 ; 1821, 1822, 1823, 1824 respectivement en avril 1823, juillet 1824, mai 1825, juin 1826, etc.

conséquences qui en résultent surtout dans la sanction définitive, a été l'objet de mesures destinées à restreindre de plus en plus le libre arbitre des ordonnateurs, à les contraindre, pour faciliter le contrôle, à rendre un compte précis et détaillé.

La loi de règlement a dû suivre une évolution parallèle.

Si nous écartons la période des tâtonnements financiers ou de l'absence de tout principe, durant laquelle une certaine somme était purement et simplement mise en bloc à la disposition de l'exécutif pour les dépenses de l'année, nous voyons la spécialité des autorisations législatives s'imposer de plus en plus stricte. Le mouvement remonte aux premières ordonnances de la Restauration. Auparavant persistaient les doctrines des États généraux (1) : voter l'impôt, se désintéresser de l'administration, et s'en remettre au Roi pour répartir et arrêter les dépenses, « la nation se livrant avec confiance aux vœux de Sa Majesté pour les économies » (Tiers état de Montpellier).

De longues discussions suivirent la chute de l'Empire, la Charte étant muette sur la question des dépen-

(1) Sauf certains cahiers : soit pour la fixation des dépenses ; Exemple, cahiers du tiers état de la sénéchaussée de Guyenne : « que les dépenses d'administration générale du royaume soient fixées par état estimatif », soit pour la reddition des comptes ; Exemple, cahier du clergé de Montreuil-sur-Mer « que les ministres soient rendus comptables et responsables des deniers qu'ils emploient, chacun pour son département » (Cité par Stourm, *Id.*, p. 42).

ses. « En parcourant les monuments de notre législation publique, disait le comte Garnier (1), vous remarquerez que si le droit d'accorder ou de refuser l'impôt paraît avoir toujours été réservé au peuple, on ne trouve nulle part la moindre trace, le plus léger indice qui indique la prétention d'examiner, contrôler, régler l'emploi des deniers. » « Quelle est l'étendue du droit de voter librement l'impôt, demande le Rapport de 1817 ; n'auriez-vous que le droit de le voter ou de le refuser, sans pouvoir vérifier les dépenses, en fixer le chiffre, et surveiller l'emploi des deniers publics..... en s'assurant qu'ils n'ont pas été distraits de la destination pour laquelle seulement ils ont été accordés ? »

Vint la loi du 25 mars 1817, article 151. Les crédits sont ouverts par ministère, sans autre subdivision, l'ordonnateur principal restant libre dans l'intérieur de son budget particulier, mais par contre, se trouvant astreint à se renfermer dans ses limites et à rendre compte de cette observance. C'est le point de départ. L'ordonnance de de Villèle (1er septembre 1827) fit un nouveau pas, en prescrivant le vote et le contrôle par branches principales de services, c'est-à-dire par sections (2) de ministère. Après 1830 nous arrivons à la division par chapitres ; la loi de finances détermine l'allocation de ces chapitres, de ces « groupements de

(1) Rapport à la Chambre des pairs sur le budget de 1816, 27 avril 1816 (Stourm, p. 47).

(2) En 1820 il y avait 52 sections.

services corrélatifs et de même nature (1) » sans compensation des uns aux autres.

La reconstitution d'un Empire ramena les principes impériaux d'omnipotence et d'absence de contrôle. Successivement reparut la spécialité des votes par ministères (Constitution du 25 décembre 1852, art. 12); puis par sections, selon des nomenclatures annexées (Sénatus-consulte, 31 décembre 1861-1), progrès tempéré d'ailleurs par la faculté laissée au Gouvernement d'opérer des virements entre chapitres de sections différentes (Sénatus-consulte, 1861-2). Ce moyen permettait de troubler totalement la structure du budget, en faisant apparaître des dépenses fictives à la place des dépenses réelles; le contrôle était rendu impossible. Le Gouvernement, sûr de pouvoir opérer ces virements qui constituaient en somme de véritables augmentations indirectes de crédit, quitte à demander ensuite des suppléments indispensables aux chapitres dépouillés de leurs dotations primitives, finissait par s'ouvrir directement des crédits sans employer ce moyen intermédiaire. Ce désordre dans la bonne gestion des finances publiques, les Chambres se trouvant appelées à approuver des dépenses irrégulières ou à statuer sur des opérations fausses, ne disparut qu'en 1871 (2), par la loi du 16 septembre.

(1) Loi 29 janvier 1831, article 11, § 1er.

(2) Auparavant, la loi de finances du 27 juillet 1870 avait interdit les virements sur les crédits de la Dette, ainsi que ceux destinés à aug-

La même loi confirmait le vote par chapitres rétabli en 1869 (Sénatus-consulte, 8 septembre, art. 9). Les ministres sont obligés de respecter les crédits ainsi répartis, et de rendre compte en la même forme.

Dans le but de renforcer les pouvoirs du Parlement, on a proposé de descendre encore d'un degré, d'établir la subdivision par articles : ce qui constituerait un moyen de tourner les difficultés, les incertitudes relatives à la composition d'un chapitre proprement dit ; les ordonnateurs seraient certes tenus bien davantage... Des inconvénients nombreux surgissent, outre l'inutilité, au fond, d'une telle réforme. Une fois acquis le vote par articles, ne va-t-on pas réclamer le vote par paragraphes, rééditer les illusions des assemblées révolutionnaires, qui voulaient tout faire par elles-mêmes et noyaient en réalité tous leurs pouvoirs dans les flots de leurs attributions disparates ? Souvenons-nous qu'il faut laisser aux administrateurs, avec la responsabilité, une certaine initiative ! N'oublions pas le danger de l'épuisement des crédits alloués ! (1). — Le remède est plus simple : de par le vague même de l'appellation « chapitres » rien n'empêche de diviser en deux ou plusieurs ceux qui paraissent trop conséquents (2) ; une fois

menter les dépenses de personnel et les fonds secrets. De plus, il était défendu de puiser dans le budget extraordinaire pour subvenir aux dépenses ordinaires.

(1) Relevé *suprà* à propos des périodes complémentaires de l'exercice.

(2) C'est ce qui a eu lieu en 1884 ; le nombre des chapitres passa de 481 à 637. Il est aujourd'hui supérieur à 1000.

établies et portées dans les nomenclatures annexées à la loi de finances, selon les prescriptions impériales elles-mêmes, ces subdivisions de moindre étendue enserreront les ministres : ils conserveront l'action, ils administreront, ils seront contrôlés efficacement.

Ainsi, le Parlement ouvre et clôt définitivement chaque exercice. Sa mission a été rendue plus aisée par l'application d'un principe énoncé bien des fois : budget et comptes doivent renfermer *tous* les faits d'administration. Pas de dissimulation de recettes, pas de compensation entre les revenus et les dépenses, pas de divisions dans les comptes. Tout doit être approuvé, sur un rapport d'ensemble, après avoir été autorisé. Sauf pour certains services spécialisés, le Parlement se trouvera en présence d'un total unique : à première vue, il saura le montant de ses engagements, et prendra connaissance immédiate du résultat de l'administration financière sans avoir à effectuer ni reports ni recherches toujours obscures et troublantes.

Ces principes de lumière, obtenus à la longue en supprimant plusieurs divisions budgétaires (budgets extraordinaires en 1891 (1), caisses spéciales, divers budgets annexes) sont encore mis en échec, par la persistance soit de budgets annexes soit de services spéciaux. Les budgets « annexés pour ordre », dont le nombre s'est d'ailleurs restreint (2), n'obéissent pas aux règles de sur-

(1) Loi de finances, 26 décembre 1890.

(2) Service de la vérification des poids et mesures (1826), brevets

veillance ordinaires : Les comptables préposés n'envoient pas au ministère des finances les documents périodiques ; leur compte ne présente qu'un solde net par suite de compensation des recettes et des dépenses ; il en résulte de moindres garanties de vérification aux divers degrés (1). Leur création avait été inspirée par leur caractère industriel ou temporaire : en fait, ces motifs ont disparu, ou n'ont aucune valeur.

De même les services spéciaux, dont les ressources sont considérées comme ayant été avancées par le Trésor à charge de remboursement. Ils troublent l'unité du budget, ne donnent prise à aucune vérification, à aucun règlement de compte, permettant ainsi l'arbitraire disposition, par les ordonnateurs, de plusieurs centaines de millions : en 1892, l'excédent de leurs dépenses s'élevait à 340 millions, contre une vingtaine seulement à l'heure actuelle. Leur véritable caractère avait été bien dévoilé en 1886, lors de la création de l'ancien service spécial des garanties d'intérêt aux Compagnies de chemin de fer, destiné à soulager le budget ordinaire d'environ 80 millions pour obtenir un équilibre fictif.

d'invention (1834), écoles normales primaires (1839), Algérie (1840), recettes et dépenses universitaires (1862), chancelleries diplomatiques et consulaires (1876), téléphones (1893), etc.

(1) Le projet de budget de 1900 pour les chemins de fer de l'État présente 33.767.000 francs de dépenses. Le chapitre 3 intitulé « dépenses non susceptibles d'évaluation fixe » s'élève à lui seul à 32.368.000 fr. et forme ainsi un bloc où l'administration est libre de se mouvoir ! Cpr. le rapport de M. Gruet sur le budget des chemins de fer de l'État pour 1898.

Le nombre des services spéciaux est allé en diminuant par absorption dans le budget général (1); il faut persévérer dans cette voie, sauf certaines excep-

(1) En 1893, le service spécial des garanties d'intérêt aux Compagnies de chemins de fer, introduit dans le budget de 1886 par la loi du 8 août 1885, a disparu et ne figure plus qu'aux comptes du Trésor pour le solde débiteur à rembourser par les Compagnies. Le budget ordinaire pourvoit aux besoins courants, mentionne les annuités ; mais la dépense effectuée au moyen du capital de ces annuités ne se trouve nulle part « aucun tableau ne l'aligne parmi ses chiffres et n'en fait état dans les totaux généraux de l'exercice ». — Dans son discours de rentrée, 16 janvier 1899, le Premier Président de la Cour des comptes s'exprimait, à ce sujet, en ces termes : « Demain aussi, peut-être, nous verrons enfin venir à notre barre la comptabilité, depuis si longtemps attendue, des conventions de chemins de fer. La Cour ne cesse de la réclamer. Elle croit que la gestion des sommes considérables qui servent aux travaux doit présenter au pays les mêmes garanties que la gestion des autres dépenses publiques. La dernière loi de finances a déjà soumis ces opérations au contrôle administratif de la Commission de vérification des comptes des ministres. Ce n'est pas assez. Il faut y ajouter le contrôle judiciaire avec toutes ses sanctions. Nous avons la confiance que les observations de la Cour attireront de nouveau l'attention du Parlement » (Journal *Le Temps*, 18 janvier 1899). — La loi des finances du 30 mai 1899 a donné satisfaction partielle à ces aspirations en réglementant les attributions d'un comptable d'ordre, qui relève des ministres des travaux publics et des finances, et présente à la Cour des comptes un résumé des opérations faites pendant l'année précédente par les compagnies, et relatives aux conventions de 1883 (art. 39). — De son côté le ministre des travaux publics doit fournir au Parlement, avant le 1er novembre, le compte général des dépenses d'établissement, le tableau des annuités à la charge du Trésor et des opérations qui se rattachent aux conventions de 1883; le compte des recettes et dépenses d'exploitation, par chapitres et articles, suivi de la liquidation de l'avance de garantie incombant à l'État et des sommes à verser par les compagnies à titre de remboursement d'avances ou de partage de bénéfices (Art. 37).

De 1894 à 1896 a existé un service spécial de l'expédition de Madagascar, mais avec cette prescription « que toutes les règles applicables aux crédits budgétaires demeureraient en vigueur » sauf la spécialité d'exercice.

tions justifiées (comme le compte à peu près immuable des cautionnements).

On peut rapprocher des services spéciaux les anciennes caisses spéciales qui relevaient de différents ministères, pour les chemins vicinaux, les écoles. Elles échappaient aux règles de comptabilité, à l'établissement des comptes ministériels, aux contrôles annuels. Le Parlement autorisait simplement les dépenses, tous les ans. La loi des finances du 26 juillet 1893 a mis fin à ces combinaisons anormales et dangereuses.

— Ce n'est pas uniquement au début et à la fin de l'année financière que se rencontre l'action du Parlement; une fois le budget voté, et en attendant son règlement définitif, les Chambres trouvent encore matière à exercer leur surveillance et leur contrôle. — Les ordonnateurs ont reçu leur mandat en termes généraux, et l'exécutent dans les limites tracées ; mais des événements peuvent déjouer les prévisions, motiver des dépenses par suite de la création de nouveaux services, ou de l'extinction des services existants. Toute liberté ne pouvait être laissée aux ministres sous peine de rendre inutiles les précautions antérieures. — Pour les opérations normales et annuelles, il fallait demander une autorisation préalable ; il faudra solliciter les mêmes pouvoirs en présence de faits exceptionnels : tout au plus les cas d'urgence obéiront-ils à des règles moins strictes, et se verront-ils astreints, à défaut d'autorisation préliminaire, à une régularisation postérieure, véritable bill d'indemnité.

Il est indispensable d'envisager sommairement, au point de vue du contrôle exercé par les Chambres, la question des crédits supplémentaires. C'est une source de dépenses qui se chiffrent par centaines de millions en excédent des prévisions (1). Leur histoire a traversé des phases corrélatives des évolutions du Budget proprement dit. A mesure, les droits du Parlement se sont accrus et précisés au début, au cours et en fin d'exécution des services.

Les dépassements de crédits ne sont pas seulement destructifs de l'équilibre laborieusement combiné par la loi de finances ; ils mettent en jeu la responsabilité des ordonnateurs, dès lors enclins à masquer ces excédents de dépenses, à en rejeter le compte à une époque lointaine. Afin de rapprocher les demandes des faits qui les motivent, et de permettre une saine appréciation des raisons qui viennent déranger les estimations premières, il a été interdit en principe d'engager des dépenses sans autorisation préalable ; et pour les exceptions énumérées, d'en demander le règlement après la fin de l'exercice. Les crédits complémentaires sont formellement prohibés (Loi, 24 avril 1833) ; en réalité, ils ont reparu après 1870, bien malheureusement : les ordonnateurs engagent volontiers sans crédits des opérations

(1) En 1885, 376 millions. C'est le point culminant ; avant et après, les chiffres offrent une progression décroissante, d'ailleurs atténuée par les annulations de crédits. Le projet relatif au règlement de l'exercice 1894 (23 janvier 1896) contient environ 82 millions de crédits supplémentaires et 42 millions d'annulations.

à régler à longue échéance ; les dépenses entreprises sont terminées, payées, et finalement approuvées. Reste la menace de la responsabilité ministérielle.

Des mesures sont intervenues soit pour s'opposer à la progression des crédits supplémentaires, escomptés par certains services comme des ressources normales, soit en vue d'éclairer le Parlement, de l'empêcher de s'engager les yeux fermés et d'accepter sans discussion les propositions des ministres. On a cherché à réglementer les demandes, à éviter les enchevêtrements qui auraient dissimulé au contrôle tous les abus : le tableau des crédits additionnels doit être publié en détail et dans leur ensemble total, inséré au *Bulletin des lois* (Lois 24 avril 1833-4, et 15 mai 1850), affiché (Loi 13 novembre 1849) ; les ordonnateurs sont tenus d'indiquer les voies et moyens de subvenir aux dépenses qu'ils proposent (Lois 18 juillet 1835-5, 15 mai 1850, 16 mai 1851, D. 10 novembre 1856-2) ; le ministre des finances possède des prérogatives particulières : contresigner toutes les demandes après avoir considéré les crédits déjà ouverts, et la situation des revenus de l'État par rapport aux prévisions du budget (Lois 1849, 1850, 1851, D. 1856-4) ; les présenter aux Chambres, réunies en un projet unique (Lois 24 avril 1833-5 et 3 mai 1834), pour le mois écoulé (Lois 16 mai 1851-4 et 12 août 1876), les cas d'urgence absolue donnant seuls lieu à des lois spéciales.

Quant à l'assimilation des crédits supplémentaires

aux crédits budgétaires, la première application remonte à la loi du 25 mars 1817, article 152 ; en principe, aucune dépense sans autorisation préalable ; mais, pour les cas extraordinaires et urgents, des ordonnances autorisent les suppléments de crédits ; elles seront converties en lois à la plus prochaine session des Chambres. — L'ordonnance du 27 juin 1819 insiste sur ce point : tout ministre qui aura usé de cette faculté devra soumettre à l'approbation législative l'ensemble des crédits ainsi obtenus. L'ordonnance de 1827, considérant que le contrôle est moins urgent et plus aisé pour les services ordinaires votés dans le budget, rejeta à l'époque de la loi de règlement la régularisation des crédits supplémentaires afférents.

La règle de la ratification lors de la plus prochaine session, qui restait applicable aux seuls crédits extraordinaires, redevint absolue avec la loi du 24 avril 1833-3 ; à l'avenir, les ministres doivent soumettre aux Chambres, dès l'ouverture de la session, les excédents quelconques de dépenses sur les crédits du budget précédent. Les crédits additionnels sont subdivisés en supplémentaires et extraordinaires, selon qu'il s'agit de pourvoir à l'insuffisance d'un service, — ou bien de l'étendre au delà des prescriptions législatives par suite de circonstances urgentes et imprévues, ou d'en créer un nouveau. Enfin, la loi du 23 mai 1834-11 énuméra les chapitres, les « services votés », qui pouvaient seuls être l'objet, par une ordonnance provisoire, de suppléments pour insuffisance.

Vint la loi célèbre du 15 mai 1850 : interdiction aux ministres d'effectuer aucun ordonnancement ou liquidation sans crédits antérieurs, *sous peine d'engager leur responsabilité personnelle* (1). En l'absence de l'Assemblée, des crédits additionnels, même *extraordinaires*, pouvaient être ouverts par arrêtés du chef de l'État, sauf approbation de l'Assemblée dans les dix jours de sa rentrée, pour les crédits extraordinaires, sous forme de projets de loi spéciaux ; ou de projet unique présenté avant la fin de l'année, pour les crédits supplémentaires sur services votés.

Cette législation se modifie sous le second Empire, vu l'extension des pouvoirs du Gouvernement, libre d'autoriser et d'ouvrir de son propre gré les crédits nécessités par les travaux d'utilité publique, ainsi que d'opérer des virements ; cette dernière faculté, dont les dangers et l'impuissance ont été signalés, avait semblé devoir réduire les crédits additionnels : elle n'en diminuait que le chiffre apparent. La loi du 5 mai 1855-21 revint aux crédits supplémentaires : les décrets non couverts par des virements devront être soumis aux Chambres dans les deux premiers mois de la session qui suit l'ouverture des crédits extraordinaires, ou la clôture de l'exercice pendant lequel les crédits supplémentaires ont été accordés.

Le sénatus-consulte de 1862 proclama à nouveau la

(1) Cette menace, comme il a été dit, est restée lettre morte.

nécessité d'une loi pour accorder tout crédit additionnel, sauf décret de virement ou modifications opérées au budget rectificatif.

La troisième République continua de revenir aux vrais principes. Les lois du 16 septembre 1871 et 14 décembre 1879 établissent l'obligation d'une autorisation législative préalable pour tous les crédits additionnels ; afin d'éviter les confusions, ils doivent constituer un chapitre particulier du budget de l'exercice pour lequel ils ont été ouverts (1) (Loi 1879-3). Le Gouvernement peut ouvrir *provisoirement*, pendant l'absence *normale* des Chambres (Loi 1879) (2), des crédits supplémentaires en faveur des services énumérés en une nomenclature budgétaire, et des crédits extraordinaires qui n'ont pas pour objet la création d'un service nouveau. Les décrets, approuvés par le Conseil des ministres (*Sic* : Loi du 24 avril 1833) et rendus en Conseil d'État (*Sic* : Décret du 10 novembre 1856), sont insérés au *Bulletin des lois* ; ils indiquent les voies et moyens, et doivent être soumis au Parlement dans la première quinzaine de sa rentrée. — La création de nouveaux services, cause de dépenses difficiles à supprimer une fois engagées, est donc impossible sans l'assentiment préalable des Chambres ; l'initiative des ministres est restreinte,

(1) Cpr. : Loi du 24 avril 1833-6 — L'article 3 de la loi 1879 fait une exception pour les services militaires qui se rattachent d'une manière indivisible à des chapitres existants. *Sic* déjà Décret 1862-59.

(2) C'est-à-dire, la prorogation des Chambres selon la Constitution du 16 juillet 1875, art. 2-1°, par opposition aux cas de dissolution.

et le contrôle parlementaire favorisé par l'obligation d'une prompte reddition de comptes, rapprochée des circonstances qui ont fait naître les besoins nouveaux.

Nous avons examiné le rôle du Pouvoir législatif : en résumé, après avoir assigné aux ordonnateurs l'objet et les limites de leur action, il les contrôle en cours d'exercice, il statue sur les résultats, sur les comptes qu'ils lui présentent. Placé au sommet de ces nombreux organismes qui tendent tous à ce même but de contrôle matériel et moral des ordonnateurs, le Parlement reste seul qualifié pour prendre connaissance de la totalité des documents, pour approuver ou amnistier les dérogations et manquements aux primitives autorisations.

Avant de quitter cette matière, relevons l'influence très efficace exercée par un délégataire du Parlement lui-même, par un comité spécial dont les investigations et les remontrances annuelles se rapportent à des faits récents, et possèdent ainsi un grand poids. Chargé d'étudier les détails du projet de budget, le bien-fondé des demandes de crédits additionnels, il a sans cesse occasion de relever les irrégularités présentes ou passées, de formuler des critiques, de signaler et condamner certaines pratiques financières (1), de proposer des re-

(1) Notamment, l'inexacte évaluation des crédits demandés au début de l'exercice pour dépenses dont le montant reste incertain, coutume destinée à permettre une plus forte dotation des autres chapitres à maximum voté une fois pour toutes. — De même, la multiplication des crédits additionnels, qui arrivent à modifier entièrement la structure réelle de tel budget particulier.

mèdes, de stimuler la vigilance des ordonnateurs. Sa tâche est facilitée par le droit de diriger toutes enquêtes, et d'interroger en personne ou par correspondance les chefs de service. Ses observations innombrables sont insérées en des rapports, qui entraînent souvent de confiance le vote des Chambres. Il était impossible de parler des pouvoirs de contrôle du Parlement sans mentionner, quoiqu'elle échappât à toute réglementation, l'action si notable des Commissions du budget (1).

(1) Nous avons signalé plus haut le rôle des Commissions chargées d'étudier les projets de loi de règlement. — La Commission du budget, comme la Commission de règlement, comprend à la Chambre 3 membres par bureau, soit 33 membres. Les projets de loi ordinaires sont examinés par des commissions de 11 membres seulement.

DEUXIÈME SECTION

PROJETS DIVERS

Les barrières opposées à l'indépendance des ordonnateurs, les règles qui pèsent sur tous leurs actes, donnent l'assurance qu'aucune opération ne sera dissimulée, n'échappera aux contrôles établis et à la nécessité d'obtenir tôt ou tard les autorisations réglementaires. Cette crainte des redditions de compte ne suffit pas toujours à maintenir les ordonnateurs dans les limites de leurs devoirs : insouciants de l'avenir, d'une échéance lointaine, ils se permettent des opérations irrégulières dont le règlement s'imposera par la suite. Mettre en mouvement la responsabilité ministérielle, c'est un moyen dont nous avons apprécié l'insuffisance actuelle, en présence des lacunes de la comptabilité des dépenses engagées. Les ordonnateurs rendent compte ; ils sont approuvés ou blâmés ; ils ne sont pas *jugés*.

Compter sur le zèle des administrateurs, serait s'illusionner fâcheusement. Leur situation est particulière ; on a cherché des remèdes spéciaux. « Le contrôle postérieur est suffisant pour les comptables qui fournissent un cautionnement ; mais les ministres ne donnent pas de caution qui assure à l'État la réparation des dommages qu'ils lui causent. Aussi une garantie préventive est-elle nécessaire pour mettre à temps leur responsabilité en action (1). »

On s'est donc demandé s'il ne fallait pas aller plus loin, et sans attendre les infractions, essayer de les prévoir, de les empêcher de naître. Tout un système s'est déjà créé pour éviter les engagements abusifs de dépenses, pour permettre un contrôle rapide ; postérieur aux faits, il les précède cependant, si on l'envisage au point de vue de l'ordonnateur lui-même. On a cherché à s'engager davantage dans cette voie, à rendre de toutes façons ce contrôle antérieur aux faits, à doter certains pouvoirs d'un véritable droit de veto. Ainsi serait résolu d'une manière détournée le problème de la responsabilité des ordonnateurs, en en détruisant la raison d'être.

Plusieurs projets ont été déposés en ce sens ; plusieurs systèmes sont en vigueur à l'étranger. Les uns créent de toutes pièces, les autres se bornent à étendre les droits des organismes actuels : ministère des finances, Cour des comptes, Parlement, à chacune de ces personnalités peut se rattacher l'exercice du contrôle préventif.

L'idée la plus simple, peut-être la plus réalisable, consiste à proposer la création d'un service général qui relèverait spécialement du ministre des finances. Ce

(1) M. G. Gianquinto, cité par Victor Marcé (*Annales de l'Ecole des Sciences politiques*, 15 avril 1890).

ministre a déjà sous ses ordres toute une Direction de contrôle des opérations administratives, lorsqu'elles finissent par aboutir au fait matériel du paiement ; il reçoit communication des engagements de dépenses ; on pourrait lui adjoindre un service chargé de contrôler efficacement, dès leur naissance, les actes qui grèveront par la suite les finances publiques. La tâche serait facilitée par l'institution d'une tenue d'écritures identiques dans toutes les administrations. Des inspecteurs seraient placés dans chaque ministère.

Ce projet ne nous est pas inconnu ; nous l'avons rencontré à propos de la direction du mouvement des fonds, et nous avons produit les objections qu'il soulève. Ces critiques ne sont fondées qu'en apparence, cachent les désirs d'indépendance des administrateurs : on peut espérer parvenir dans cette voie à des résultats satisfaisants.

Le ministre des finances, de par ses fonctions et ses attributions actuelles, joue un rôle exceptionnel ; pourquoi ne pas confier à ses agents le soin de contrôler pas à pas les opérations qui entraîneront des charges pour l'Etat, et d'exiger la justification des formalités réglementaires ? Les ministres sont égaux, sans doute ! Il ne s'agit pas de rendre l'un d'eux prépondérant, mais de lui confier la surveillance des prescriptions légales. La centralisation qui existe, bien imparfaite, pour les engagements de dépenses, pourrait être améliorée et généralisée, en ce sens que le ministre des finances ne prendrait pas seulement note des dépenses entreprises, mais viserait préalablement les autorisations de mise en œuvre.

On fait valoir, et l'objection se retrouvera dans tous les systèmes, que l'ordonnateur se trouverait dépouillé de ses pouvoirs propres, obligé d'en référer à une autorité étrangère, vraiment supérieure. Ce reproche n'est pas exact. L'ordonnateur sera toujours libre d'administrer à sa guise, dans les limites qui lui ont été assignées : il devra seulement ne pas enfreindre les nombreuses règles dont la violation entraînerait l'inutilité des contrôles successifs si péniblement édifiés. En d'autres termes, il ne s'agit pas de demander à l'administrateur la justification du bien-fondé de ses opérations, mais la preuve qu'elles étaient régulières à tous les points de vue. L'ordonnateur ne sera dépouillé d'aucun droit, mais du pouvoir négatif de mal agir.

D'autres critiques s'élèvent, touchant les retards et les divulgations inséparables d'un tel système. Rien n'est plus spécieux. Il est indubitable que certains délais vont être nécessaires pour obtenir les visas réclamés, que ce procédé ne permettra pas à tel ordonnateur d'effectuer des opérations secrètes. Quel argument en tirer contre notre thèse ? Ces retards devront être réduits à leur minimum, et ne constituent pas une objection décisive ; les cas urgents, au fond, sont très rares : va-t-on, à propos d'exceptions, faire échouer une organisation avantageuse à tous égards ? En législation financière comme ailleurs, toutes les hypothèses ne peuvent être prévues ; il faut se régler sur l'immense généralité ; *de minimis non curat prætor.*

Quant à l'argument du secret des opérations, il se trouve à la fois mauvais et faux. Mauvais, parce que, sous un régime parlementaire, tout doit se faire au grand jour, donner prise aux contrôles et aux discussions. Faux, car on ne voit pas comment une opération peut rester secrète dans un ministère, et pourquoi non dès qu'elle en franchit le seuil.

A un autre point de vue, on peut craindre que le ministre intéressé ne dissimulât ses opérations au contrôle ; mais, lorsqu'on aboutira au fait matériel du paiement, l'infraction sera dévoilée, et la responsabilité ministérielle invoquée à juste titre, sauf à l'ordonnateur à prouver la nécessité de ses actes, l'urgence par exemple : le Parlement décidera.

Ainsi le ministère des finances se trouverait logiquement désigné pour une semblale centralisation en vue d'un contrôle préventif. Au point de vue pratique, il y serait très apte, et même très préparé.

En faveur de ce système, plusieurs propositions de lois sont dues à l'initiative parlementaire. L'une d'elles s'exprimait en ces termes (1) : « un bureau de comptabilité préventive serait créé auprès de chaque ministère et dirigé par des Inspecteurs relevant du ministre des

(1) Projet Pradon, 17 mai 1888. Rapport favorable en date du 10 juillet (cité par Stourm, *Id.*, p. 509).

finances. Il aurait pour mission de veiller scrupuleusement au respect des lois et des règlements, prendrait connaissance de tous les projets de dépenses des divers services administratifs, les vérifierait au point de vue de la légalité et de la sincérité. Ce n'est qu'après s'être assuré de la parfaite conformité de l'acte avec les prescriptions législatives qu'il apposerait son visa sur la pièce.... Il ne devrait avoir qu'une mission : être le gardien de la loi de finances, en faire respecter le texte et l'esprit, dire si les mesures sont légales, si les imputations proposées sont régulières, et faites dans la limite des crédits. »

On remarque que cette vérification préventive des imputations et des crédits existe actuellement à l'intérieur de chaque ministère. Elle pourrait aussi bien, et avec tout profit, être exercée par un agent indépendant.

Dans le même sens, un autre projet (1) place dans chaque ministère un agent comptable, relevant du ministre des finances qui centraliserait tous les renseignements dans une direction générale du contrôle des dépenses publiques, chargée d'en vérifier le motif légal et la justification, de s'assurer du respect des lois, de surveiller les imputations et les crédits.

L'exemple de l'organisation italienne vient corroborer ces propositions. Dans les ministères, les comptables notent les opérations de recettes ou dépenses, et géné-

(1) Projet Antonin Proust et Gotteron, 10 mai 1890 (*Id.*, p. 30).

ralement tous les actes d'où résultent des engagements pour l'État. Ils tiennent leurs écritures, et transmettent leurs communications, selon un mode uniforme, à une même Direction (Direction générale de la comptabilité) : ils sont donc soumis à une surveillance unique. De plus, cette administration centrale peut, sans avoir recours à un intermédiaire, leur demander directement compte de leurs opérations, leur donner des instructions, et les faire vérifier par ses propres inspecteurs. Rappelons enfin (1) que les chefs de comptabilité sont, dans les ministères, « nommés sur la proposition du ministre du Trésor, d'accord avec le ministre dont dépend le service » (Loi 17 février 1884-21) (2). — Le ministre des finances exerce donc un contrôle général sur tous les agents comptables, et par suite une surveillance indirecte et permanente sur les opérations de ses collègues. Surveillance plus ou moins effective, soit ! L'essentiel est qu'elle existe en droit.

Le système italien est complété, comme nous verrons, par des attributions particulières données à la Cour des comptes.

D'autres propositions (3) ont été émises, dont l'Histoire fournit, avec des applications, des raisons de les

(1) Voir la Direction du mouvement des fonds, *suprà*.

(2) Cpr. Loi du 13 novembre 1791, section I, titre II, article 7 : « la nomination à toutes les places du Trésor public appartiendra au comité de trésorerie, sur le rapport du commissaire dans la division duquel la place se trouvera vacante.... »

(3) Propositions Brisson-Rivière, 18 novembre 1882 ; Bozérian, 14 mai 1895.

condamner. Tels sont les projets de confier au Pouvoir législatif, ou à des délégations parlementaires permanentes, le soin de contrôler l'administration et les engagements des ordonnateurs, au jour le jour. Ces idées, en honneur à l'époque révolutionnaire, soulèvent des dangers politiques et administratifs ; le Parlement voudra tout faire par lui-même, mettra les ministres en tutelle, et n'exercera en réalité, vu la multitude de ses occupations, aucun contrôle suivi. En outre, les retards s'accumuleront à l'infini. Que l'on se rappelle ce qui se passait vis-à-vis des comptables, quand fonctionnaient les bureaux de comptabilité créés par la loi du 17 septembre 1791. L'Assemblée, tout en confiant à des *commis* le travail préparatoire des rapports, n'arrivait jamais à en prendre connaissance ; l'arriéré s'accumulait formidable, parce qu'elle voulait tout faire par elle-même, n'aurait rien pu faire de sérieux, et ne faisait rien. Ou bien, c'est un dilemme fatal, le Parlement se désintéressera de son rôle, ne soulèvera que des questions de politique, de parti ; ou bien on verra se reproduire les conséquences des hérésies de 1791. Le Parlement est justement qualifié pour recevoir les comptes d'administration et les résultats des vérifications opérées, pour les rejeter ou les admettre, non pour s'immiscer dans les attributions exécutives ou dans les investigations de longue haleine.

Une opinion plus attrayante propose de s'en remettre à la Cour des comptes. Dotée d'une organisation propre, bien établie, la Cour verrait simplement ses attributions existantes s'augmenter d'un droit de contrôle permanent sur tous les actes des ordonnateurs. Cette surveillance constante permettrait de rendre plus rapides, plus certaines, plus efficaces, les vérifications qui rentrent dans sa mission normale : liaison de contrôles profitable à tous les égards. D'autre part, les magistrats, étrangers à toute Administration, indépendants, inamovibles, seraient qualifiés mieux que tous autres pour exercer leur surveillance sans faiblesse, sans pression d'aucune sorte. Ces arguments, très solides à première vue, se trouvent encore appuyés de l'autorité des exemples pratiques offerts par certains pays.

En Italie (1) nous savons que les prérogatives du ministre des finances sont complétées par des pouvoirs spéciaux dévolus à la Cour des comptes. D'après les lois italiennes, la Cour exerce une surveillance générale, presque absolue. A l'égard des ordonnancements, elle joue le rôle de la direction française du mouvement des fonds. Pour les engagements de dépenses, elle prend connaissance de tous les décrets royaux, quel qu'en soit l'objet (2), même s'ils ne regardent pas les finances ; et de tous les actes gouvernementaux qui engagent les finances, sauf pour les dépenses fixes résultant de lois

(1) La Cour des comptes belge n'exerce de contrôle préventif qu'au moment du paiement. V. *suprà*, D. mouvement des fonds.

(2) Sauf les décrets de dissolution des conseils municipaux, de nomination d'un sénateur, de promulgation des lois, de permis de mariage.....

et règlements (dépenses de justice, paiement de lots..)(1). En somme, il s'agit de l'engagement de dépenses nouvelles de personnel et de matériel.

La Cour vérifie la régularité de ces actes, leur concordance avec les dispositions législatives ou réglementaires. Ou bien elle vise et enregistre, ou bien elle refuse le visa et donne les motifs de ce refus. Si l'ordonnateur intéressé en réfère au Conseil des ministres, la Cour peut être mise en demeure de procéder à une nouvelle délibération, toutes chambres réunies. Au cas où elle persisterait dans son opinion, elle serait néanmoins tenue d'enregistrer l'acte, mais sous réserves. Communication des pièces du litige est adressée, tous les quinze jours, aux chambres (2).

Ainsi, toutes les opérations des ordonnateurs contrôlées, non seulement lors du paiement, mais dès leur naissance ; une telle mission confiée à un corps indépendant, supérieur ; le dernier mot laissé au Gouvernement responsable, sauf appel au Pouvoir législatif ! L'édifice semble parfait. La réalité est moins heureuse, pour des raisons énoncées ou entrevues déjà.

Le Parlement, il fallait s'y attendre, attache peu de zèle à l'examen des rapports de la Cour ; les retards s'accumulent et recouvrent les infractions d'un man-

(1) Ce qui correspond à peu près à nos dépenses permanentes variables.

(2) V. Discours de M. l'avocat général Biollay, 3 novembre 1882, sur « *le contrôle des finances publiques par le Parlement et par la Cour des Comptes en Italie* » ; V. spécialement l'annexe A.

teau d'oubli. Le Pouvoir exécutif en profite pour mettre à exécution des décrets sans s'inquiéter des *réserves* ; ou bien, il évite le contrôle de la Cour en rendant des décrets-lois. — Conséquence plus grave, les administrations se dispensent de soumettre les contrats au contrôle, ou ne les communiquent qu'après un commencement d'exécution.

Enfin le rôle de la Cour est superficiel, paraît engager l'avenir, c'est-à-dire les décisions judiciaires qu'elle est appelée à rendre, et l'expose à s'immiscer dans les querelles de politique contemporaine.

On a essayé de réfuter ces critiques (1), mais sans succès. Il se peut que le visa de la Cour n'engage pas ses décisions ultérieures, parce qu'il n'est pas donné au fond. Mais son indépendance ne subira-t-elle aucune atteinte ? Rien n'est moins certain, surtout quand la Cour se trouvera en face d'actes qualifiés urgents, dont le caractère relèvera de son appréciation. En outre, l'administration exige une rapidité inconciliable avec une surveillance effective à distance.

Il est indiscutable que si l'on songeait à transporter à la Cour des comptes française les attributions énoncées dans les textes italiens, elle se trouverait en présence d'une situation inextricable : surchargée de besogne, à moins d'apposer des visas de forme, son examen sérieux entraînerait de longs retards, des délais inter-

(1) V. Stourm, *Le budget*, p. 520.

minables exclusifs d'une bonne administration. L'ordonnateur passerait outre, n'attendrait pas l'approbation réclamée, finirait par ne plus soumettre ses actes à cette exigence, par les motiver tous « pour urgence ». — Il serait matériellement impossible à la Cour d'examiner tous les engagements de dépenses des ministres, quel que soit l'endroit où ils se produisent, et de prendre connaissance des documents explicatifs nécessaires pour statuer sur leur régularité ; à moins d'organiser un système de délégations, un service tout nouveau, son unité constitue un obstacle à l'accomplissement d'une semblable mission.

De plus, un principe majeur serait battu en brèche : la responsabilité ministérielle disparaîtrait derrière l'intervention de la Cour. Le Parlement serait désarmé : l'ordonnateur mis en cause s'empresserait de se retrancher derrière le visa obtenu d'un Corps *inamovible, irresponsable*. Que de critiques contenues dans ces mots. La responsabilité ministérielle détruite, les pouvoirs du Parlement restreints, le contrôle abandonné à une pluralité de magistrats sans responsabilité aucune, brillants résultats d'un prétendu perfectionnement du contrôle des ordonnateurs !

Il faut repousser cette idée de remettre à la Cour la surveillance préventive des engagements de dépenses. Toute son organisation s'y oppose. Si l'on peut espérer la réalisation d'un tel système, jamais il ne sera confié qu'à un service responsable, à ramifications multiples, et sous un régime de comptabilités administratives bien établies : cette dernière exigence donne seule la certitude que tous les actes des ordonnateurs seront soumis au contrôle, sans que nul puisse songer à s'en dispenser.

CONCLUSION

Nous venons de gravir l'échelle ascendante des contrôles ; nous avons pu juger, à mesure, de leur valeur ; notre conclusion sera brève.

Il n'est pas besoin de créations ou de suppressions retentissantes, de bouleversements à contre-coups douteux. Il suffit d'exiger de tous les services la stricte observation de leur mission, l'exacte application des règles prescrites,en retranchant les dispositions dont la pratique aurait démontré l'inutilité, les complications ou les retards (1). Il faut perfectionner les comptabilités des ordonnateurs ; multiplier les occasions et les points de comparaison entre les écritures des administrateurs et des comptables ; créer ou renforcer partout l'autorité des agents centralisateurs, des comptables des dépenses engagées, des comptables en matières, et leur constituer une certaine indépendance en les annexant à une admi-

(1) Nous avons noté les inconvénients propres à la fiction de l'exercice. — Cpr. Discours sur le budget départemental de M. l'avocat général Chantereau à l'audience solennelle de rentrée de la Cour des comptes, 16 octobre 1895 : « il faut entrer, croyons-nous, dans la voie des simplifications, et effacer de nos règlements des formalités qui ne sont pas toujours des garanties, à la condition, bien entendu, de ne rien sacrifier de celles qui assurent réellement un contrôle supérieur indispensable » (p. 55).

nistration étrangère comme le ministère des finances : ces réformes se rattachent au projet de conférer au ministre des finances des pouvoirs de surveillance plus étendus, plus effectifs. Les résultats seront de conséquence : contrôle régulier, découverte rapide des infractions, possibilité de mettre en cause et d'apprécier les responsabilités.

L'observation des mêmes principes entraînera l'établissement à bref délai des comptes administratifs, dont l'examen rapproché des faits ne sera plus dépourvu d'intérêt, — ni de sanction.

La question de la responsabilité pécuniaire des ministres demeure très délicate ; elle ne doit être soulevée qu'à titre exceptionnel, semble-t-il, par suite de circonstances bien définies, et pour des irrégularités où l'impéritie le disputerait à la mauvaise foi. Hors ces cas, on ne peut songer à les incriminer sans supprimer leur caractère et leur fonction.

Ces raisons, qui s'appliquent avec plus ou moins de force à tous les administrateurs, conduisent à poursuivre l'établissement d'un système solide de contrôle, destiné à prémunir au besoin le ministre contre les entraînements, ou contre l'ignorance trop fréquente, et toujours possible, de la réalité des choses. Une seule solution : confier à une hiérarchie de fonctionnaires indépendants, mais responsables, le soin et les pouvoirs de veiller, dans les limites déterminées, au respect des prescriptions législatives.

TABLE DES MATIÈRES

Vu :
Le Président de la thèse,
A. BERTHÉLEMY,

Vu :
Le Doyen,
GLASSON.

Vu et permis d'imprimer :
Le Vice-Recteur de l'Académie de Paris,
GRÉARD.

Imp. J. Thevenot, Saint-Dizier (Haute-Marne).

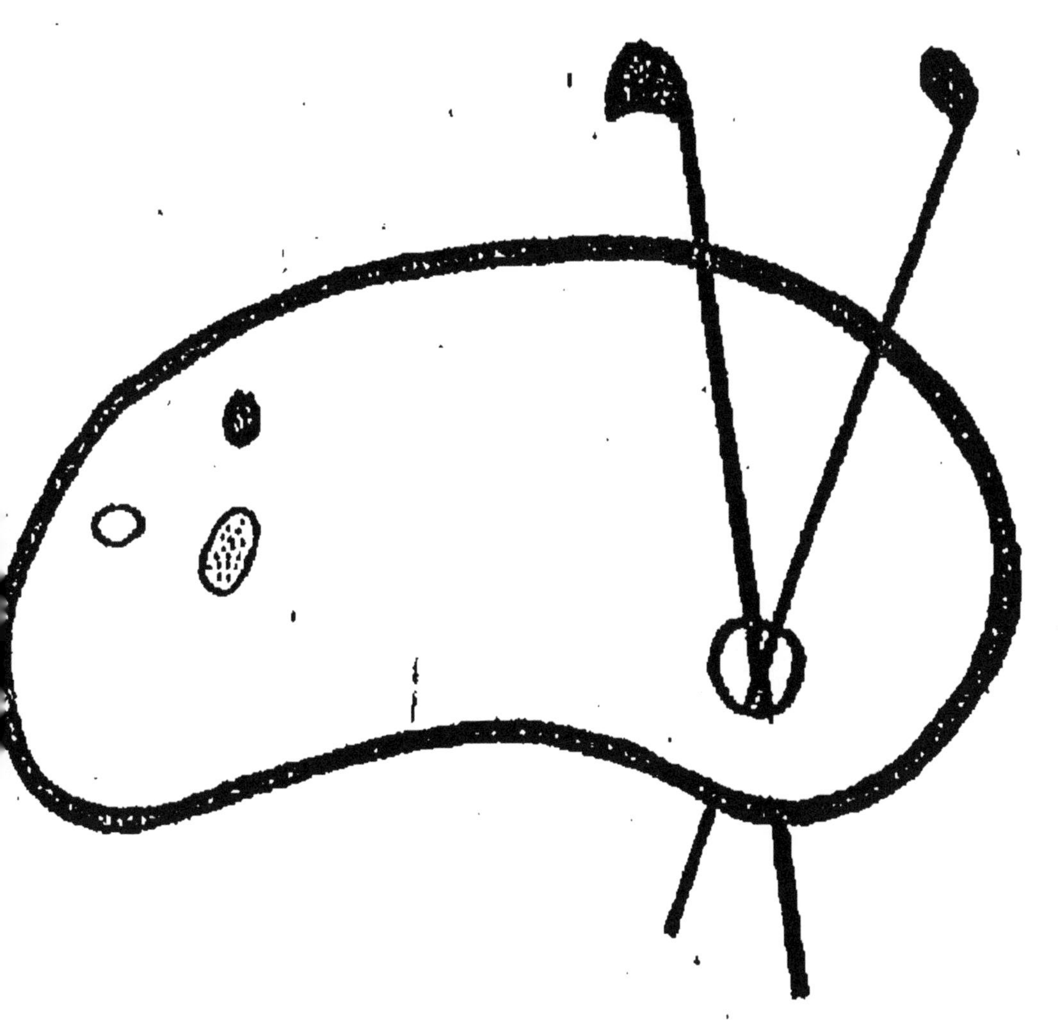

www.ingramcontent.com/pod-product-compliance
Ingram Content Group UK Ltd.
Pitfield, Milton Keynes, MK11 3LW, UK
UKHW020122200726
13856UKWH00002B/677